Sabores Naturais 2023

Receitas Plant-Based para uma Vida Saudável

Maria Silva

Tabela de conteúdo

Introdução 11
MOLHOS E CONDIMENTOS 14
Molho Barbecue Clássico 15
mostarda de jardim 17
ketchup caseiro clássico 19
Molho de caju, limão e endro 21
Molho de nozes da Ligúria 22
Chia, Maple e Molho Dijon 24
molho de alho e coentro 27
molho ranch clássico 29
Molho de Tahine Coentro 31
molho de limão e coco 33
guacamole caseiro 35
A maionese vegana mais fácil de todas 39
Manteiga de girassol e sementes de cânhamo 41
Molho Cremoso De Mostarda 43
Ajvar tradicional no estilo balcânico 45
Amba (molho de manga) 47

Ketchup caseiro do papai 49

Molho de salada de ervas de abacate 51

Autêntico francês Remoulade 53

Autêntico molho bechamel 55

molho holandês perfeito 58

Molho de Pimenta Mexicana 60

molho de tomate basico 62

Turco Biber Salçası 64

Molho Italiano com Pepe Verde 66

Molho de Macarrão com Semente de Girassol 68

Molho de maçã saudável da vovó 70

molho de chocolate caseiro 72

Molho de Cranberry Favorito 74

tradicional russo chrain 76

Molho Mignonette Francês 78

molho de queijo defumado 79

Molho de pêra caseiro fácil 82

mostarda estilo country 84

Molho de coco à moda tailandesa 86

Planície de Maio Aquafaba 88

Molho Veloute Clássico 90

Molho Espanhol Clássico 92

Aioli mediterrâneo autêntico 94

molho barbecue vegano 96

Molho Béarnaise Clássico 98

molho de queijo perfeito 100

Molho de Macarrão Cru Fácil 103

Pesto de Manjericão Básico 105

Molho Alfredo Clássico 107

Maionese Sofisticada de Caju 109

Manteiga de girassol, canela e baunilha 111

Ketchup caseiro picante 113

Rajma Dal indiano tradicional 116

salada de feijão vermelho 118

Ensopado de Feijão Anasazi e Legumes 120

Shakshuka fácil e saudável 123

pimentão à moda antiga 125

Salada Fácil de Lentilha Vermelha 128

Salada de grão de bico à moda mediterrânea 130

Ensopado de Feijão Tradicional da Toscana (Ribollita) 133

Mix de legumes e lentilhas beluga 135

Taças mexicanas de grão-de-bico 137

Indiano Dal Makhani 139

Tigela de Feijão Estilo Mexicano 141

Clássico Minestrone Italiano 143

Ensopado de lentilha verde com couve 145

Mistura de Legumes de Grão de Bico 147

Molho de feijão picante 149

Salada de soja à moda chinesa 151

Ensopado de Legumes e Lentilhas à Moda Antiga 154

chana masala indiana 156

Patê De Feijão Vermelho 158

Tigela de lentilhas marrons 160

Sopa Quente e Picante de Feijão Anasazi 162

Salada de feijão fradinho (Ñebbe) 164

O famoso chili da mamãe 166

Salada de creme de grão de bico com pinhões 168

Tigela Buda de Feijão Preto 170

Guisado de grão de bico do Oriente Médio 172

Pasta de Lentilha e Tomate 174

Salada Creme De Ervilha Verde 176

Homus Za'atar do Oriente Médio 179

Salada de Lentilha com Pinhão 181

Salada Quente de Feijão Anasazi 183

Ensopado tradicional de Mnazaleh 185

Creme de Lentilhas Vermelhas e Pimentão 187

Ervilha de neve temperada frita Wok 189

Chili rápido todos os dias 191

Salada cremosa de feijão-fradinho 194

Abacate recheado com grão de bico 196

sopa de feijao preto 198

Salada de lentilha beluga com ervas 202

salada de feijão italiana 205

Tomate Recheado com Feijão Branco 207

Sopa de feijão-fradinho de inverno 209

Empanadas de Feijão Vermelho 211

Hambúrguer de Ervilha Caseiro 213

Ensopado de Feijão Preto e Espinafre 215

Introdução

Até recentemente, mais e mais pessoas estavam começando a adotar o estilo de vida da dieta baseada em vegetais. O que exatamente atraiu dezenas de milhões de pessoas a esse estilo de vida é discutível. No entanto, há evidências crescentes de que seguir um estilo de vida baseado principalmente em vegetais leva a um melhor controle de peso e saúde geral, livre de muitas doenças crônicas. Quais são os benefícios para a saúde de uma dieta baseada em vegetais? Acontece que comer vegetais é uma das dietas mais saudáveis do mundo. Dietas veganas saudáveis incluem muitos produtos frescos, grãos integrais, legumes e gorduras saudáveis, como sementes e nozes. Eles são abundantes em antioxidantes, minerais, vitaminas e fibras alimentares. Pesquisas científicas atuais indicam que um maior consumo de alimentos à base de plantas está associado a um menor risco de mortalidade por doenças como doenças cardiovasculares, diabetes tipo 2, pressão alta e obesidade. Os planos alimentares veganos geralmente são baseados em alimentos saudáveis, evitando produtos de origem animal carregados de antibióticos, aditivos e hormônios. Além disso, o consumo de uma proporção maior de aminoácidos essenciais para proteína animal pode ser prejudicial à saúde humana. Dado que os produtos de origem animal contêm muito mais gordura do que os alimentos à base de plantas, não é surpresa que os estudos tenham mostrado que os comedores de carne têm uma taxa nove vezes maior de obesidade do que os veganos. Isso nos leva ao próximo ponto, um dos maiores benefícios da dieta vegana: a perda de peso. Embora muitas pessoas optem por viver uma vida vegana por razões éticas, a dieta em si pode ajudá-lo a atingir seus objetivos de perda de peso. Se você está lutando para perder peso, considere tentar uma dieta baseada em vegetais. Como exatamente? Como vegano, você cortará alimentos com alto teor calórico, como laticínios integrais, peixes oleosos, carne de porco e outros alimentos que contenham colesterol, como ovos. Tente substituir esses alimentos por alternativas ricas em fibras e proteínas que o manterão saciado por mais tempo. A chave é se concentrar em alimentos ricos em nutrientes, limpos e naturais e evitar calorias vazias como açúcar, gorduras saturadas e alimentos altamente processados. Aqui estão alguns truques que me ajudaram a manter meu peso em uma dieta vegana por anos. Eu como vegetais como prato principal; Consumo gorduras boas com moderação - uma gordura boa como o azeite não engorda-; Eu me exercito regularmente e cozinho em casa. Apreciá-lo!

MOLHOS E CONDIMENTOS

Molho Barbecue Clássico

(Pronto em cerca de 5 minutos | Serve 20)

Por porção: Calorias: 36; Gorduras: 0,3g; Carboidratos: 8,6g; Proteína: 0,2g

Ingredientes

1 xícara de açúcar mascavo

1 xícara de molho de tomate

1/4 xícara de vinagre de vinho

1/3 xícara de água

1 colher de sopa de molho de soja

2 colheres de mostarda em pó

1 colher de chá de pimenta preta

2 colheres de chá de sal marinho

Endereços

Bata todos os ingredientes no liquidificador ou processador de alimentos.

Misture até ficar homogêneo e liso.

Bom proveito!

mostarda de jardim

(Pronto em cerca de 35 minutos | Serve 10)

Por porção: Calorias: 34; Gordura: 1,6g; Carboidratos: 3,5g; Proteína: 1,3g

Ingredientes

1/2 xícara de mostarda em pó

5 colheres de sopa de sementes de mostarda, moídas

1/4 xícara de água

1/4 xícara de cerveja

2 colheres de sopa de vinagre de xerez

1 ½ colheres de chá de sal marinho grosso

1 colher de sopa de xarope de agave

1 colher de coentro seco

1 colher de sopa de manjericão seco

Endereços

Misture bem a mostarda seca, as sementes de mostarda moídas, a água e a cerveja em uma tigela; deixe descansar por cerca de 30 minutos.

Adicione os ingredientes restantes e mexa para combinar bem.

Deixe repousar pelo menos 12 horas antes de servir. Bom proveito!

ketchup caseiro clássico

(Pronto em cerca de 25 minutos | Serve 10)

Por porção: Calorias: 24; Gorduras: 0g; Carboidratos: 5,5g; Proteína: 0,5g

Ingredientes

4 onças de pasta de tomate enlatada

2 colheres de sopa de xarope de agave

1/4 xícara de vinagre de vinho tinto

1/4 xícara de água

1/2 colher de chá de sal kosher

1/4 colher de chá de alho em pó

Endereços

Pré-aqueça uma panela em fogo médio. Em seguida, coloque todos os ingredientes em uma panela e leve ao fogo.

Abaixe o fogo; deixe ferver, mexendo sempre, por cerca de 20 minutos ou até o molho engrossar.

Guarde em um pote de vidro na geladeira. Bom proveito!

Molho de caju, limão e endro

(Pronto em cerca de 25 minutos | Serve 8)

Por porção: Calorias: 24; Gorduras: 0g; Carboidratos: 5,5g; Proteína: 0,5g

Ingredientes

1 xícara de castanha de caju crua

1/2 xícara de água

2 colheres de endro

1 colher de sopa de suco de limão

Sal marinho e pimenta vermelha a gosto

Endereços

Coloque todos os ingredientes na tigela do processador de alimentos ou liquidificador de alta velocidade até ficar homogêneo, macio e cremoso.

Tempere a gosto e sirva com crudités.

Molho de nozes da Ligúria

(Pronto em cerca de 30 minutos | Serve 4)

Por porção: Calorias: 263; Gordura: 24,1g; Carboidratos: 9g; Proteínas: 5,5g

Ingredientes

1/2 xícara de leite de amêndoa

1 fatia de pão branco, sem casca

1 xícara (cerca de 50 metades) de nozes cruas

1/2 colher de chá de alho em pó

1 colher de chá de cebola em pó

1 colher de chá de páprica defumada

2 colheres de sopa de azeite

1 colher de sopa de manjericão picado

3 folhas de curry

Sal marinho e pimenta-do-reino moída a gosto

Endereços

Coloque o leite de amêndoa e o pão numa tigela e deixe repousar bem.

Transfira o pão encharcado para a tigela do processador de alimentos ou liquidificador de alta velocidade; adicione os ingredientes restantes.

Processe até ficar homogêneo, uniforme e cremoso.

Sirva com macarrão ou macarrão de abobrinha. Bom proveito!

Chia, Maple e Molho Dijon

(Pronto em cerca de 10 minutos | Serve 4)

Por porção: Calorias: 126; Gordura: 9g; Carboidratos: 8,3g; Proteína: 1,5g

Ingredientes

2 colheres de sopa de sementes de chia

5 colheres de sopa de azeite extra virgem

1 ½ colher de sopa de maple syrup

2 colheres de chá de mostarda Dijon

1 colher de sopa de vinagre de vinho tinto

Sal marinho e pimenta-do-reino moída a gosto

Endereços

Coloque todos os ingredientes em uma tigela; bata para combinar e emulsionar.

Deixe descansar por 15 minutos para a chia expandir. Bom proveito!

molho de alho e coentro

(Pronto em cerca de 10 minutos | Serve 6)

Por porção: Calorias: 181; Gordura: 18,2g; Carboidratos: 4,8g; Proteína: 3g

Ingredientes

1/2 xícara de amêndoas

1/2 xícara de água

1 maço de coentro

1 pimentão vermelho picado

2 dentes de alho amassados

2 colheres de sopa de suco de limão fresco

1 colher de chá de raspas de limão

Sal marinho e pimenta preta moída

5 colheres de sopa de azeite extra virgem

Endereços

Coloque as amêndoas e a água no liquidificador e bata até ficar cremoso e homogêneo.

Adicione coentro, pimenta, alho, suco de limão, raspas de limão, sal e pimenta-do-reino; bomba até que tudo esteja bem combinado.

Em seguida, adicione gradualmente o azeite e misture até ficar homogêneo. Guarde na geladeira por até 5 dias.

Bom proveito!

molho ranch clássico

(Pronto em cerca de 10 minutos | Serve 8)

Por porção: Calorias: 191; Gordura: 20,2g; Carboidratos: 0,8g; Proteína: 0,5g

Ingredientes

1 xícara de maionese vegana

1/4 leite de amêndoa sem açúcar

1 colher de chá de vinagre de xerez

1/2 colher de chá de sal kosher

1/4 colher de chá de pimenta preta

2 dentes de alho picados

1/2 colher de chá de cebolinha seca

1/2 colher de chá de endro seco

1 colher de chá de flocos de salsa seca

1/2 colher de chá de cebola em pó

1/3 colher de chá de páprica

Endereços

Usando um batedor de arame, misture bem todos os ingredientes em uma tigela.

Cubra e coloque na geladeira até que esteja pronto para servir.

Bom proveito!

Molho de Tahine Coentro

(Pronto em cerca de 10 minutos | Serve 6)

Por porção: Calorias: 91; Gordura: 7,5g; Carboidratos: 4,5g; Proteínas: 2,9g

Ingredientes

1/4 xícara de castanha de caju, embebidas durante a noite e escorridas

1/4 xícara de água

4 colheres de sopa de tahine

1/4 xícara de folhas frescas de coentro picadas

1 dente de alho picado

Sal kosher e pimenta caiena, a gosto

Endereços

Processe as castanhas de caju e a água no liquidificador até ficar homogêneo e cremoso.

Adicione os ingredientes restantes e continue misturando até que tudo esteja bem incorporado.

Mantenha-o na geladeira por até uma semana. Bom proveito!

molho de limão e coco

(Pronto em cerca de 10 minutos | Serve 7)

Por porção: Calorias: 87; Gordura: 8,8g; Carboidratos: 2,6g; Proteína: 0,8g

Ingredientes

1 colher de chá de óleo de coco

1 dente de alho grande, picado

1 colher de chá de gengibre fresco picado

1 xícara de leite de coco

1 lima espremida na hora e ralada

Uma pitada de sal-gema do Himalaia

Endereços

Em uma panela pequena, derreta o óleo de coco em fogo médio. Depois de quente, cozinhe o alho e o gengibre por cerca de 1 minuto ou até ficarem aromáticos.

Leve o fogo para ferver e adicione o leite de coco, suco de limão, raspas de limão e sal; continue a cozinhar em fogo baixo por 1 minuto ou até aquecer.

Bom proveito!

guacamole caseiro

(Pronto em cerca de 10 minutos | Serve 7)

Por porção: Calorias: 107; Gordura: 8,6g; Carboidratos: 7,9g; Proteína: 1,6g

Ingredientes

2 abacates, descascados e sem caroço

suco de 1 limão

Sal marinho e pimenta-do-reino moída a gosto

1 cebola pequena, em cubos

2 colheres de sopa de coentro fresco picado

1 tomate grande, em cubos

Endereços

Amasse os abacates, juntamente com o restante dos ingredientes em uma tigela.

Coloque o guacamole na geladeira até a hora de servir. Bom proveito!

A maionese vegana mais fácil de todas

(Pronto em cerca de 15 minutos | Serve 6)

Por porção: Calorias: 167; Gordura: 18,1g; Carboidratos: 0,7g; Proteína: 0,4g

Ingredientes

1/2 xícara de azeite, em temperatura ambiente

1/4 xícara de leite de arroz, sem açúcar, em temperatura ambiente

1 colher de chá de mostarda amarela

1 colher de sopa de suco de limão fresco

1/3 colher de chá de sal kosher

Endereços

Misture o leite, a mostarda, o suco de limão e o sal com o liquidificador de alta velocidade.

Enquanto a máquina estiver funcionando, adicione gradualmente o azeite e continue batendo em velocidade baixa até que a mistura engrosse.

Guarde na geladeira por aproximadamente 6 dias. Bom proveito!

Manteiga de girassol e sementes de cânhamo

(Pronto em cerca de 15 minutos | Serve 16)

Por porção: Calorias: 124; Gordura: 10,6g; Carboidratos: 4,9g; Proteínas: 4,3g

Ingredientes

2 xícaras de sementes de girassol descascadas e torradas

4 colheres de sopa de sementes de cânhamo

2 colheres de farinha de linhaça

Uma pitada de sal

Uma pitada de noz moscada ralada

2 tâmaras sem caroço

Endereços

Bata as sementes de girassol em seu processador de alimentos até ficar amanteigado.

Adicione os ingredientes restantes e continue misturando até ficar homogêneo e cremoso.

Prove e ajuste o sabor conforme necessário. Bom proveito!

Molho Cremoso De Mostarda

(Pronto em cerca de 35 minutos | Serve 4)

Por porção: Calorias: 73; Gordura: 4,2g; Carboidratos: 7,1g; Proteínas: 1,7g

Ingredientes

- 1/2 homus simples
- 1 colher de chá de alho fresco picado
- 1 colher de sopa de mostarda deli
- 1 colher de sopa de azeite extra virgem
- 1 colher de sopa de suco de limão fresco
- 1 colher de chá de flocos de pimenta vermelha
- 1/2 colher de chá de sal marinho
- 1/4 colher de chá de pimenta preta moída

Endereços

Misture bem todos os ingredientes em uma tigela.

Deixe descansar na geladeira por cerca de 30 minutos antes de servir.

Bom proveito!

Ajvar tradicional no estilo balcânico

(Pronto em cerca de 30 minutos | Serve 6)

Por porção: Calorias: 93; Gordura: 4,9g; Carboidratos: 11,1g; Proteína: 1,8g

Ingredientes

4 pimentões vermelhos

1 berinjela pequena

1 dente de alho amassado

2 colheres de sopa de azeite

1 colher de chá de vinagre branco

Sal kosher e pimenta-do-reino moída a gosto

Endereços

Grelhe os pimentões e a berinjela até ficarem macios e tostados.

Coloque os pimentões em um saco plástico e cozinhe no vapor por cerca de 15 minutos. Retire a pele, as sementes e o núcleo dos pimentões e berinjelas.

Em seguida, transfira-os para a tigela do seu processador de alimentos. Adicione o alho, o azeite, o vinagre, o sal e a pimenta-do-reino e continue misturando até incorporar bem.

Guarde na geladeira por até 1 semana. Bom proveito!

Amba (molho de manga)

(Pronto em cerca de 30 minutos | Serve 6)

Por porção: Calorias: 93; Gordura: 4,9g; Carboidratos: 11,1g; Proteína: 1,8g

Ingredientes

2 mangas de casca verde, descascadas e sem caroço

1 cebola picada

1 pimentão picado

2 dentes de alho picados

1 colher de sopa de sal do Himalaia

1 colher de chá de cúrcuma moída

1/3 colher de chá de cominho moído

1/2 colher de chá de páprica

2 colheres de sopa de molho de soja

2 colheres de sopa de suco de limão fresco

Endereços

Aqueça uma panela média em fogo moderadamente alto. Leve 2 xícaras de água para ferver. Adicione a manga seguida da cebola, pimentão, alho e especiarias.

Leve o fogo para ferver e deixe cozinhar até a manga amolecer ou cerca de 25 minutos.

Retire do fogo e adicione o molho de soja e o suco de limão fresco.

Em seguida, bata a mistura no liquidificador até ficar homogêneo. Guarde na geladeira por até 1 mês.

Bom proveito!

Ketchup caseiro do papai

(Pronto em cerca de 30 minutos | Serve 12)

Por porção: Calorias: 49; Gordura: 2,4g; Carboidratos: 6,5g; Proteína: 0,9g

Ingredientes

2 colheres de sopa de azeite

1 cebola picada

2 dentes de alho picados

1 colher de chá de pimenta caiena

2 colheres de pasta de tomate

30 onças de tomates enlatados, esmagados

3 colheres de açúcar mascavo

1/4 xícara de vinagre de maçã

Sal e pimenta-do-reino moída na hora, a gosto.

Endereços

Em uma panela média, aqueça o azeite em fogo moderadamente alto. Refogue a cebola até ficar macia e aromática.

Adicione o alho e continue a refogar por 1 minuto ou até perfumar.

Junte os restantes ingredientes e leve ao lume. Continue cozinhando por cerca de 25 minutos.

Processe a mistura no liquidificador até ficar homogêneo e homogêneo. Bom proveito!

Molho de salada de ervas de abacate

(Pronto em cerca de 10 minutos | Serve 6)

Por porção: Calorias: 101; Gordura: 9,4g; Carboidratos: 4,3g; Proteína: 1,2g

Ingredientes

1 abacate médio, sem caroço, descascado e amassado

4 colheres de sopa de azeite extra virgem

4 colheres de sopa de leite de amêndoa

2 colheres de coentro picado

2 colheres de salsa picada

suco de 1 limão

2 dentes de alho picados

1/2 colher de chá de sementes de mostarda

1/2 colher de chá de flocos de pimenta vermelha

Sal kosher e pimenta caiena, a gosto

Endereços

Combine todos os ingredientes acima em seu processador de alimentos ou liquidificador.

Bata até ficar homogêneo, liso e cremoso.

Bom proveito!

Autêntico francês Remoulade

(Pronto em cerca de 10 minutos | Serve 9)

Por porção: Calorias: 121; Gordura: 10,4g; Carboidratos: 1,3g; Proteína: 6,2g

Ingredientes

1 xícara de maionese vegana

1 colher de sopa de mostarda Dijon

1 cebolinha, finamente picada

1 colher de chá de alho picado

2 colheres de sopa de alcaparras, picadas grosseiramente

1 colher de sopa de molho picante

1 colher de sopa de suco de limão fresco

1 colher de sopa de salsa de folhas planas, picada

Endereços

Misture bem todos os ingredientes em seu processador de alimentos ou liquidificador.

Bata até ficar homogêneo e cremoso.

Bom proveito!

Autêntico molho bechamel

(Pronto em cerca de 10 minutos | Serve 5)

Por porção: Calorias: 89; Gordura: 6,1g; Carboidratos: 5,9g; Proteína: 2,7g

Ingredientes

2 colheres de sopa de manteiga de soja

2 colheres de sopa de farinha de trigo

1 ½ xícaras de leite de aveia

sal marinho grosso a gosto

1/4 colher de chá de açafrão em pó

1/4 colher de chá de pimenta preta moída, a gosto

Uma pitada de noz moscada ralada

Endereços

Derreta a manteiga de soja em uma frigideira em fogo moderado. Adicione a farinha e continue cozinhando, mexendo continuamente para evitar grumos.

Despeje o leite e continue mexendo por cerca de 4 minutos até o molho engrossar.

Adicione as especiarias e mexa para combinar bem. Bom proveito!

molho holandês perfeito

(Pronto em cerca de 15 minutos | Serve 6)

Por porção: Calorias: 145; Gordura: 12,6g; Carboidratos: 6,1g; Proteína: 3,3g

Ingredientes

1/2 xícara de castanha de caju, embebidas e escorridas

1 xícara de leite de amêndoa

2 colheres de sopa de suco de limão fresco

3 colheres de óleo de coco

3 colheres de sopa de levedura nutricional

Sal marinho e pimenta-do-reino branca moída a gosto

Uma pitada de noz moscada ralada

1/2 colher de chá de flocos de pimenta vermelha esmagada

Endereços

Bata todos os ingredientes em um liquidificador de alta velocidade ou processador de alimentos.

Em seguida, aqueça a mistura em uma panela pequena em fogo médio-baixo; cozinhe, mexendo ocasionalmente, até o molho reduzir e engrossar.

Bom proveito!

Molho de Pimenta Mexicana

(Pronto em cerca de 5 minutos | Serve 5)

Por porção: Calorias: 35; Gorduras: 0,2g; Carboidratos: 7,1g; Proteína: 0,8g

Ingredientes

10 onças de molho de tomate enlatado

2 colheres de sopa de vinagre de maçã

2 colheres de açúcar mascavo

1 pimenta malagueta mexicana picada

1/2 colher de chá de orégano mexicano seco

1/4 colher de chá de pimenta da Jamaica moída

Sal marinho e pimenta-do-reino moída a gosto

Endereços

Em uma tigela, misture bem todos os ingredientes.

Guarde em um pote de vidro na geladeira.

Bom proveito!

molho de tomate basico

(Pronto em cerca de 25 minutos | Serve 8)

Por porção: Calorias: 49; Gordura: 3,6g; Carboidratos: 4,3g; Proteína: 0,9g

Ingredientes

2 colheres de sopa de azeite

1 chalota picada

2 dentes de alho picados

1 pimenta malagueta vermelha, sem sementes e picada

20 onças de tomate enlatado, purê

2 colheres de pasta de tomate

1 colher de chá de pimenta caiena

1/2 colher de chá de sal marinho grosso

Endereços

Em uma panela média, aqueça o azeite em fogo moderadamente alto. Refogue a chalota até ficar macia e aromática.

Adicione alho e pimenta; continue a refogar por 1 minuto ou até perfumado.

Adicione os tomates, a pasta de tomate, a pimenta caiena e o sal; vire o calor para baixo. Continue cozinhando por cerca de 22 minutos.

Bom proveito!

Turco Biber Salçası

(Pronto em cerca de 1 hora e 25 minutos | Serve 16)

Por porção: Calorias: 39; Gordura: 1,8g; Carboidratos: 4,8g; Proteína: 0,7g

Ingredientes

4 pimentões

4 pimentões vermelhos

Sumo de sumo de 1/2 limão

2 colheres de sopa de azeite

1 colher de chá de sal marinho

1/2 colher de chá de pimenta preta moída na hora

Endereços

Coloque as pimentas diretamente sobre uma chama de gás baixa; Grelhe os pimentões por cerca de 8 minutos até ficarem carbonizados por todos os lados.

Deixe os pimentões cozinharem em um saco plástico ou recipiente tampado por cerca de 30 minutos. Remova a pele e o miolo escurecidos e transfira a polpa para o processador de alimentos.

Blitz até formar uma pasta lisa.

Aqueça a massa preparada em uma panela; adicione os ingredientes restantes e mexa para combinar bem. Leve ao fogo brando e deixe cozinhar, parcialmente tampado, por cerca de 45 minutos ou até o molho engrossar.

Guarde na geladeira por até 4 semanas. Bom proveito!

Molho Italiano com Pepe Verde

(Pronto em cerca de 15 minutos | Serve 6)

Por porção: Calorias: 153; Gordura: 10,1g; Carboidratos: 13,3g; Proteínas: 2,6g

Ingredientes

3 colheres de sopa de manteiga vegana

3 colheres de sopa de farinha de trigo

1 ½ xícaras de leite de amêndoa, sem açúcar

1 xícara de caldo de legumes

2 colheres de sopa de pimenta verde moída na hora

sal marinho, a gosto

1 colher de sopa de vinho xerez

Endereços

Em uma panela, derreta a manteiga em fogo moderado. Quando estiver quente, adicione a farinha e reduza o fogo para ferver.

Adicione o leite aos poucos e continue cozinhando por mais alguns minutos, mexendo sempre para não empelotar.

Adicione o caldo, pimenta verde e sal. Continue cozinhando em fogo baixo até o molho engrossar. Adicione o vinho e continue a ferver por mais alguns minutos.

Bom proveito!

Molho de Macarrão com Semente de Girassol

(Pronto em cerca de 10 minutos | Serve 3)

Por porção: Calorias: 164; Gordura: 13,1g; Carboidratos: 7,6g; Proteína: 6,2g

Ingredientes

1/2 xícara de sementes de girassol, embebidas durante a noite

1/2 xícara de leite de amêndoa sem açúcar

2 colheres de sopa de suco de limão

1 colher de chá de alho granulado

1/4 colher de chá de orégano seco

1/2 colher de chá de manjericão seco

1 colher de chá de endro seco

Sal marinho e pimenta-do-reino moída a gosto

Endereços

Coloque todos os ingredientes na tigela do seu processador de alimentos ou liquidificador de alta velocidade.

Bata até o molho ficar homogêneo e macio.

Sirva o molho sobre macarrão cozido ou macarrão de legumes. Bom proveito!

Molho de maçã saudável da vovó

(Pronto em cerca de 30 minutos | Serve 12)

Por porção: Calorias: 73; Gorduras: 0,2g; Carboidratos: 19,3g; Proteína: 0,4g

Ingredientes

3 libras de maçãs cozidas, descascadas, sem caroço e cortadas em cubos

1/2 xícara de água

8 tâmaras frescas sem caroço

2 colheres de sopa de suco de limão

Uma pitada de sal

Uma pitada de noz moscada ralada

1/4 colher de chá de cravo moído

1/2 colher de chá de canela em pó

Endereços

Adicione as maçãs e a água a uma panela de fundo grosso e cozinhe por cerca de 20 minutos.

Enquanto isso, misture as tâmaras e 1/2 xícara de água com um liquidificador de alta velocidade. Processe até ficar completamente homogêneo.

Em seguida, amasse as maçãs cozidas com um espremedor de batatas; Misture as tâmaras em purê na compota de maçã e mexa para combinar bem.

Continue cozinhando em fogo baixo até que a compota de maçã tenha engrossado na consistência desejada. Adicione o suco de limão e as especiarias e mexa até que tudo esteja bem incorporado.

Bom proveito!

molho de chocolate caseiro

(Pronto em cerca de 10 minutos | Serve 9)

Por porção: Calorias: 95; Gordura: 7,6g; Carboidratos: 7,5g; Proteína: 0,2g

Ingredientes

5 colheres de óleo de coco derretido

3 colheres de sopa de xarope de agave

3 colheres de cacau em pó

Uma pitada de noz moscada ralada

Uma pitada de sal kosher

1/2 colher de chá de canela em pó

1/2 colher de chá de pasta de baunilha

Endereços

Misture bem todos os ingredientes com um batedor de arame.

Guarde a calda de chocolate na geladeira. Para amolecer o molho, aqueça em fogo baixo antes de servir.

Bom proveito!

Molho de Cranberry Favorito

(Pronto em cerca de 15 minutos | Serve 8)

Por porção: Calorias: 62; Gordura: 0,6g; Carboidratos: 16g; Proteína: 0,2g

Ingredientes

1/2 xícara de açúcar mascavo

1/2 xícara de água

8 onças de mirtilos, frescos ou congelados

Uma pitada de pimenta da Jamaica

uma pitada de sal marinho

1 colher de sopa de gengibre cristalizado

Endereços

Em uma panela de fundo grosso, leve o açúcar e a água para ferver.

Mexa até que o açúcar se dissolva.

Adicione os mirtilos, seguido do resto dos ingredientes. Abaixe o fogo e continue cozinhando por 10 a 12 minutos ou até que os cranberries estourem.

Deixe esfriar até a temperatura ambiente. Guarde em um pote de vidro na geladeira. Bom proveito!

tradicional russo chrain

(Pronto em cerca de 40 minutos | Serve 12)

Por porção: Calorias: 28; Gordura: 1,3g; Carboidratos: 3,8g; Proteína: 0,5g

Ingredientes

1 xícara de água fervida

6 onças de beterraba crua, descascada

1 colher de sopa de sal mascavo

9 onças de rábano cru, descascado

1 colher de sopa de azeite

1/2 xícara de vinagre de maçã

Endereços

Em uma panela de fundo grosso, leve a água para ferver. Em seguida, cozinhe as beterrabas por cerca de 35 minutos ou até amolecerem.

Retire a pele e transfira as beterrabas para um processador de alimentos. Adicione os ingredientes restantes e misture até ficar bem combinado.

Bom proveito!

Molho Mignonette Francês

(Pronto em cerca de 15 minutos | Serve 6)

Por porção: Calorias: 14; Gorduras: 0g; Carboidratos: 1,9g; Proteína: 0,2g

Ingredientes

3/4 xícara de vinagre de vinho tinto

2 colheres de chá de grãos de pimenta misturados, recém rachados

1 vieira pequena, finamente picada

sal marinho, a gosto

Endereços

Combine o vinagre, pimenta e escalot em uma tigela. Tempere com sal.

Deixe descansar por pelo menos 15 minutos. Sirva com cogumelos ostra grelhados.

Bom proveito!

molho de queijo defumado

(Pronto em cerca de 10 minutos | Serve 6)

Por porção: Calorias: 107; Gordura: 7,3g; Carboidratos: 8,8g; Proteína: 3,3g

Ingredientes

1/2 xícara de castanha de caju crua, embebida e escorrida

4 colheres de sopa de água

2 colheres de sopa de tahine cru

suco fresco de 1/2 limão

1 colher de sopa de vinagre de maçã

2 cenouras cozidas

1 colher de chá de páprica defumada

sal marinho, a gosto

1 dente de alho

1 colher de chá de endro fresco

1/2 xícara de grãos de milho congelados, descongelados e espremidos

Endereços

Processe as castanhas de caju e a água no liquidificador até ficar homogêneo e cremoso.

Adicione os ingredientes restantes e continue misturando até que tudo esteja bem incorporado.

Mantenha-o na geladeira por até uma semana. Bom proveito!

Molho de pêra caseiro fácil

(Pronto em cerca de 30 minutos | Serve 8)

Por porção: Calorias: 76; Gorduras: 0,3g; Carboidratos: 19,2g; Proteína: 0,6g

Ingredientes

2 libras de peras, descascadas, sem caroço e cortadas em cubos

1/4 xícara de água

1/4 xícara de açúcar mascavo

1/2 colher de chá de gengibre fresco picado

1/2 colher de chá de cravo moído

1 colher de chá de canela em pó

1 colher de chá de suco de limão fresco

1 colher de chá de vinagre de cidra

1 colher de chá de pasta de baunilha

Endereços

Adicione as maçãs, a água e o açúcar a uma panela de fundo grosso e cozinhe por cerca de 20 minutos.

Em seguida, amasse as peras cozidas com um espremedor de batatas. Adicione os ingredientes restantes.

Continue cozinhando em fogo baixo até que o molho de pêra tenha engrossado na consistência desejada.

Bom proveito!

mostarda estilo country

(Pronto em cerca de 5 minutos | Serve 16)

Por porção: Calorias: 24; Gordura: 1,6g; Carboidratos: 1,7g; Proteína: 0,6g

Ingredientes

1/3 xícara de sementes de mostarda

1/2 xícara de vinagre de vinho

1 tâmara medjool sem caroço

1 colher de chá de azeite

1/2 colher de chá de sal-gema do Himalaia

Endereços

Mergulhe as sementes de mostarda por pelo menos 12 horas.

Em seguida, bata todos os ingredientes em um liquidificador de alta velocidade até ficar homogêneo e cremoso.

Guarde em um pote de vidro na geladeira. Bom proveito!

Molho de coco à moda tailandesa

(Pronto em cerca de 10 minutos | Serve 4)

Por porção: Calorias: 68; Gordura: 5,1g; Carboidratos: 4,7g; Proteína: 1,4g

Ingredientes

1 colher de óleo de coco

1 colher de chá de alho picado

1 colher de chá de gengibre fresco picado

1 limão, espremido e ralado

1 colher de chá de açafrão em pó

1/2 xícara de leite de coco

1 colher de sopa de molho de soja

1 colher de chá de açúcar de coco, ou mais a gosto

Uma pitada de sal

Uma pitada de noz moscada ralada

Endereços

Em uma panela pequena, derreta o óleo de coco em fogo médio. Depois de quente, cozinhe o alho e o gengibre por cerca de 1 minuto ou até ficarem aromáticos.

Leve o fogo para ferver e adicione o limão, açafrão, leite de coco, molho de soja, açúcar de coco, sal e noz-moscada; continue a cozinhar em fogo baixo por 1 minuto ou até aquecer.

Bom proveito!

Planície de Maio Aquafaba

(Pronto em cerca de 10 minutos | Serve 12)

Por Porção: Calorias: 200; Gordura: 22,7g; Carboidratos: 0,3g; Proteína: 0g

Ingredientes

1/2 xícara de aquafaba

1 ¼ xícaras de óleo de canola

1 colher de chá de mostarda amarela

1/2 colher de chá de sal kosher

2 colheres de sopa de suco de limão

1/2 colher de chá de alho em pó

1/4 colher de chá de endro seco

Endereços

Bata a aquafaba em alta velocidade usando um liquidificador de imersão ou liquidificador de alta velocidade.

Enquanto a máquina estiver funcionando, adicione gradualmente o óleo e continue misturando até que a mistura engrosse.

Adicione a mostarda, sal, suco de limão, alho em pó e endro.

Guarde na geladeira por até 2 semanas. Desfrutar!

Molho Veloute Clássico

(Pronto em cerca de 10 minutos | Serve 5)

Por porção: Calorias: 65; Gordura: 5,2g; Carboidratos: 2,4g; Proteínas: 1,9g

Ingredientes

2 colheres de sopa de manteiga vegana

2 colheres de sopa de farinha de trigo

1 ½ xícaras de caldo de legumes

1/4 colher de chá de pimenta branca

Endereços

Derreta a manteiga vegana em uma panela em fogo moderado. Adicione a farinha e continue cozinhando, mexendo continuamente para evitar grumos.

Aos poucos e lentamente despeje o caldo de legumes e continue mexendo por cerca de 5 minutos até o molho engrossar.

Adicione a pimenta branca e mexa para combinar bem. Bom proveito!

Molho Espanhol Clássico

(Pronto em aproximadamente 55 minutos | Serve 6)

Por porção: Calorias: 99; Gordura: 6,6g; Carboidratos: 6,9g; Proteína: 3,1g

Ingredientes

3 colheres de sopa de manteiga vegana

4 colheres de farinha de arroz

1/2 xícara de mirepoix

1 colher de chá de dentes de alho picados

3 xícaras de caldo de legumes

1/4 xícara de tomate enlatado, purê

1 louro

1 colher de chá de tomilho

Sal marinho e pimenta-do-reino a gosto.

Endereços

Derreta a manteiga vegana em uma panela em fogo moderadamente alto. Em seguida, adicione a farinha e cozinhe, mexendo continuamente, por cerca de 8 minutos ou até dourar.

Em seguida, refogue o mirepoix por cerca de 5 minutos ou até ficar macio e perfumado.

Agora, acrescente o mirepoix, o alho, o caldo de legumes, o tomate enlatado e os temperos. Coloque o fogo em fogo baixo. Deixe ferver por cerca de 40 minutos.

Despeje o molho por uma peneira de malha fina em uma tigela. Desfrutar!

Aioli mediterrâneo autêntico

(Pronto em cerca de 10 minutos | Serve 16)

Por porção: Calorias: 122; Gordura: 13,6g; Carboidratos: 0,4g; Proteína: 0,1g

Ingredientes

4 colheres de sopa de aquafaba

1 colher de chá de suco de limão fresco

1 colher de chá de vinagre de maçã

1 colher de chá de mostarda Dijon

1 colher de chá de alho esmagado

Sal marinho grosso e pimenta-do-reino branca moída a gosto

1 xícara de azeite

1/4 colher de chá de endro seco

Endereços

Coloque a aquafaba, o suco de limão, o vinagre, a mostarda, o alho, o sal e a pimenta na tigela do liquidificador. Misture por 30 a 40 segundos.

Lentamente e gradualmente adicione o óleo e continue misturando até o molho engrossar.

Polvilhe o endro seco sobre o molho. Guarde na geladeira até a hora de servir.

Bom proveito!

molho barbecue vegano

(Pronto em cerca de 25 minutos | Serve 10)

Por porção: Calorias: 32; Gorduras: 0,2g; Carboidratos: 7,4g; Proteína: 1,3g

Ingredientes

1 xícara de extrato de tomate

2 colheres de sopa de vinagre de maçã

2 colheres de sopa de suco de limão

1 colher de sopa de açúcar mascavo

1 colher de mostarda em pó

1 colher de chá de flocos de pimenta vermelha, esmagados

1 colher de chá de cebola em pó

1 colher de chá de alho em pó

1 colher de chá de pimenta em pó

2 colheres de sopa de Worcestershire vegano

1/2 xícara de água

Endereços

Misture bem todos os ingredientes em uma panela em fogo médio-alto. Leve para ferver.

Coloque o fogo em fogo baixo.

Deixe ferver por cerca de 20 minutos ou até o molho reduzir e engrossar.

Coloque na geladeira por até 3 semanas. Bom proveito!

Molho Béarnaise Clássico

(Pronto em cerca de 30 minutos | Serve 8)

Por porção: Calorias: 82; Gordura: 6,8g; Carboidratos: 3,8g; Proteína: 1,4g

Ingredientes

4 colheres de sopa de manteiga de soja não láctea

2 colheres de sopa de farinha de trigo

1 colher de chá de alho picado

1 xícara de leite de soja

1 colher de sopa de suco de limão fresco

1/4 colher de chá de açafrão em pó

Sal kosher e pimenta-do-reino moída a gosto

1 colher de sopa de salsa fresca picada

Endereços

Derreta a manteiga em uma panela em fogo moderadamente alto. Em seguida, adicione a farinha e cozinhe, mexendo continuamente, por cerca de 8 minutos ou até dourar.

Em seguida, refogue o alho por cerca de 30 segundos ou até perfumar.

Agora, adicione o leite, suco de limão fresco, açafrão, sal e pimenta-do-reino. Coloque o fogo em fogo baixo. Deixe ferver por cerca de 20 minutos.

Cubra com salsa fresca antes de servir. Bom proveito!

molho de queijo perfeito

(Pronto em cerca de 30 minutos | Serve 8)

Por porção: Calorias: 172; Gordura: 12,6g; Carboidratos: 10g; Proteínas: 6,8g

Ingredientes

1 ½ xícaras de castanha de caju

1/2 xícara de água

1 colher de chá de vinagre de maçã

1 colher de chá de suco de limão

1/2 colher de chá de alho granulado

Sal marinho e pimenta caiena a gosto

1 colher de óleo de coco

1/4 xícara de fermento nutricional

Endereços

Processe as castanhas de caju e a água no liquidificador até ficar homogêneo e cremoso.

Adicione os ingredientes restantes e continue misturando até que tudo esteja bem incorporado.

Mantenha-o na geladeira por até uma semana. Bom proveito!

Molho de Macarrão Cru Fácil

(Pronto em cerca de 10 minutos | Serve 4)

Por Porção: Calorias: 80; Gordura: 6,3g; Carboidratos: 5,4g; Proteína: 1,4g

Ingredientes

1 libra de tomates maduros, sem caroço

1 cebola pequena descascada

1 dente de alho pequeno, picado

1 colher de sopa de folhas de salsa fresca

1 colher de sopa de folhas frescas de manjericão

1 colher de sopa de folhas frescas de alecrim

4 colheres de sopa de azeite extra virgem

Sal marinho e pimenta-do-reino moída a gosto

Endereços

Bata todos os ingredientes em seu processador de alimentos ou liquidificador até misturar bem.

Sirva com massa quente ou zoodles (macarrão de abobrinha).

Bom proveito!

Pesto de Manjericão Básico

(Pronto em cerca de 10 minutos | Serve 8)

Por porção: Calorias: 42; Gordura: 3,5g; Carboidratos: 1,4g; Proteína: 1,2g

Ingredientes

1 xícara de manjericão fresco, embalado

4 colheres de pinhões

2 dentes de alho descascados

1 colher de sopa de suco de limão fresco

2 colheres de sopa de levedura nutricional

2 colheres de sopa de azeite extra virgem

sal marinho, a gosto

4 colheres de sopa de água

Endereços

No processador de alimentos, coloque todos os ingredientes menos o óleo. Processe até ficar bem combinado.

Continue misturando, adicionando gradualmente o óleo, até que a mistura se junte.

Bom proveito!

Molho Alfredo Clássico

(Pronto em cerca de 10 minutos | Serve 4)

Por porção: Calorias: 245; Gordura: 17,9g; Carboidratos: 14,9g; Proteínas: 8,2g

Ingredientes

2 colheres de sopa de azeite

2 dentes de alho picados

2 colheres de farinha de arroz

1 ½ xícaras de leite de arroz, sem açúcar

Sal marinho e pimenta-do-reino moída a gosto

1/2 colher de chá de flocos de pimenta vermelha esmagada

4 colheres de sopa de tahine

2 colheres de sopa de levedura nutricional

Endereços

Em uma panela grande, aqueça o azeite em fogo moderado. Uma vez quente, refogue o alho por cerca de 30 segundos ou até perfumar.

Adicione a farinha de arroz e deixe ferver. Adicione o leite aos poucos e continue cozinhando por mais alguns minutos, mexendo sempre para não empelotar.

Adicione sal, pimenta preta, flocos de pimenta vermelha, tahine e fermento nutricional.

Continue cozinhando em fogo baixo até o molho engrossar.

Guarde em um recipiente hermético na geladeira por até quatro dias. Bom proveito!

Maionese Sofisticada de Caju

(Pronto em cerca de 10 minutos | Serve 12)

Por porção: Calorias: 159; Gordura: 12,4g; Carboidratos: 9,2g; Proteína: 5,2g

Ingredientes

3/4 xícara de castanha de caju crua, embebida durante a noite e escorrida

2 colheres de sopa de suco de limão fresco

1/4 xícara de água

1/2 colher de chá de mostarda deli

1 colher de chá de maple syrup

1/4 colher de chá de alho em pó

1/4 colher de chá de endro seco

1/2 colher de chá de sal marinho

Endereços

Misture todos os ingredientes com um liquidificador de alta velocidade ou processador de alimentos até ficar homogêneo, cremoso e uniforme.

Adicione mais especiarias, se necessário.

Coloque em sua geladeira até que esteja pronto para servir. Bom proveito!

Manteiga de girassol, canela e baunilha

(Pronto em cerca de 10 minutos | Serve 16)

Por porção: Calorias: 129; Gordura: 9g; Carboidratos: 10,1g; Proteínas: 3,6g

Ingredientes

2 xícaras de sementes de girassol torradas, sem casca

1/2 xícara de xarope de bordo

1 colher de chá de extrato de baunilha

1 colher de chá de canela em pó

Uma pitada de noz moscada ralada

uma pitada de sal marinho

Endereços

Bata as sementes de girassol em seu processador de alimentos até ficar amanteigado.

Adicione os ingredientes restantes e continue misturando até ficar cremoso, liso e uniforme.

Prove e ajuste o sabor conforme necessário. Bom proveito!

Ketchup caseiro picante

(Pronto em cerca de 25 minutos | Serve 12)

Por porção: Calorias: 49; Gordura: 2,5g; Carboidratos: 5,3g; Proteína: 0,7g

Ingredientes

2 colheres de óleo de girassol

4 colheres de sopa de chalotas picadas

2 dentes de alho amassados

30 onças de tomates enlatados, esmagados

1/4 xícara de açúcar mascavo

1/4 xícara de vinagre branco

1 colher de chá de molho picante

1/4 colher de chá de pimenta da Jamaica

Endereços

Em uma panela média, aqueça o óleo em fogo moderadamente alto. Refogue as chalotas até ficarem macias e aromáticas.

Adicione o alho e continue a refogar por 1 minuto ou até perfumar.

Junte os restantes ingredientes e leve ao lume. Continue cozinhando em fogo baixo por 22 a 25 minutos.

Processe a mistura no liquidificador até ficar homogêneo e homogêneo. Bom proveito!

Rajma Dal indiano tradicional

(Pronto em cerca de 20 minutos | Serve 4)

Por porção: Calorias: 269; Gordura: 15,2g; Carboidratos: 22,9g; Proteína: 7,2g

Ingredientes

3 colheres de óleo de gergelim

1 colher de chá de gengibre picado

1 colher de chá de sementes de cominho

1 colher de chá de sementes de coentro

1 cebola grande picada

1 talo de aipo picado

1 colher de chá de alho picado

1 xícara de molho de tomate

1 colher de chá de garam masala

1/2 colher de chá de caril em pó

1 pau de canela pequeno

1 pimentão verde, sem sementes e picado

2 xícaras de feijão em lata, escorrido

2 xícaras de caldo de legumes

Sal kosher e pimenta-do-reino moída a gosto

Endereços

Em uma panela, aqueça o óleo de gergelim em fogo médio-alto; agora, refogue o gengibre, as sementes de cominho e as sementes de coentro até perfumar ou cerca de 30 segundos ou mais.

Adicione a cebola e o aipo e refogue por mais 3 minutos até ficarem macios.

Adicione o alho e continue refogando por mais 1 minuto.

Misture os ingredientes restantes na panela e leve ao fogo para ferver. Continue cozinhando por 10 a 12 minutos ou até ficar totalmente cozido. Sirva quente e divirta-se!

salada de feijão vermelho

(Pronto em cerca de 1 hora + tempo frio | Serve 6)

Por porção: Calorias: 443; Gordura: 19,2g; Carboidratos: 52,2g; Proteínas: 18,1g

Ingredientes

3/4 libra de feijão, embebido durante a noite

2 pimentões, picados

1 cenoura, fatiada e ralada

3 onças de grãos de milho congelados ou enlatados, escorridos

3 colheres de sopa de cebolinha picada

2 dentes de alho picados

1 malagueta vermelha, cortada

1/2 xícara de azeite extra virgem

2 colheres de sopa de vinagre de maçã

2 colheres de sopa de suco de limão fresco

Sal marinho e pimenta-do-reino moída a gosto

2 colheres de sopa de coentro fresco picado

2 colheres de sopa de salsa fresca picada

2 colheres de sopa de manjericão fresco picado

Endereços

Cubra o feijão embebido com uma nova mudança de água fria e leve para ferver. Deixe ferver por cerca de 10 minutos. Abaixe o fogo e continue cozinhando por 50 a 55 minutos ou até ficar macio.

Deixe o feijão esfriar completamente e transfira para uma saladeira.

Adicione os ingredientes restantes e mexa para combinar bem. Bom proveito!

Ensopado de Feijão Anasazi e Legumes

(Pronto em cerca de 1 hora | Serve 3)

Por porção: Calorias: 444; Gordura: 15,8g; Carboidratos: 58,2g; Proteínas: 20,2g

Ingredientes

1 xícara de feijão Anasazi, embebido durante a noite e escorrido

3 xícaras de caldo de legumes assados

1 louro

1 raminho de tomilho, picado

1 raminho de alecrim picado

3 colheres de sopa de azeite

1 cebola grande picada

2 talos de aipo picados

2 cenouras picadas

2 pimentões, sem sementes e picados

1 pimenta malagueta verde, sem sementes e picada

2 dentes de alho picados

Sal marinho e pimenta-do-reino moída a gosto

1 colher de chá de pimenta caiena

1 colher de chá de páprica

Endereços

Em uma panela, leve o feijão Anasazi e o caldo para ferver. Assim que estiver fervendo, abaixe o fogo para ferver. Adicione a folha de louro, tomilho e alecrim; deixe cozinhar por cerca de 50 minutos ou até ficar macio.

Enquanto isso, em uma panela de fundo grosso, aqueça o azeite em fogo médio-alto. Agora, frite a cebola, aipo, cenoura e pimentão por cerca de 4 minutos até ficar macio.

Adicione o alho e continue refogando por mais 30 segundos ou até ficar aromático.

Adicione a mistura refogada ao feijão cozido. Tempere com sal, pimenta-do-reino, pimenta caiena e páprica.

Continue cozinhando em fogo baixo, mexendo de vez em quando, por mais 10 minutos ou até que tudo esteja bem cozido. Bom proveito!

Shakshuka fácil e saudável

(Pronto em cerca de 50 minutos | Serve 4)

Por porção: Calorias: 324; Gordura: 11,2g; Carboidratos: 42,2g; Proteínas: 15,8g

Ingredientes

2 colheres de sopa de azeite

1 cebola picada

2 pimentões, picados

1 malagueta poblano picada

2 dentes de alho picados

2 tomates, purê

Sal marinho e pimenta-do-reino a gosto.

1 colher de chá de manjericão seco

1 colher de chá de flocos de pimenta vermelha

1 colher de chá de páprica

2 folhas de louro

1 xícara de grão de bico, embebido durante a noite, enxaguado e escorrido

3 xícaras de caldo de legumes

2 colheres de sopa de coentro fresco, picado

Endereços

Aqueça o azeite em uma panela em fogo médio. Depois de quente, cozinhe a cebola, o pimentão e o alho por cerca de 4 minutos, até ficarem macios e aromáticos.

Adicione o purê de tomate, sal marinho, pimenta-do-reino, manjericão, pimentão vermelho, páprica e folhas de louro.

Leve ao lume para levantar fervura e junte o grão-de-bico e o caldo de legumes. Cozinhe por 45 minutos ou até ficar macio.

Prove e ajuste os temperos. Despeje seu shakshuka em tigelas individuais e sirva decorado com o coentro fresco. Bom proveito!

pimentão à moda antiga

(Pronto em cerca de 1 hora e 30 minutos | Serve 4 pessoas)

Por porção: Calorias: 514; Gordura: 16,4g; Carboidratos: 72g; Proteínas: 25,8g

Ingredientes

3/4 libra de feijão, embebido durante a noite

2 colheres de sopa de azeite

1 cebola picada

2 pimentões, picados

1 pimentão vermelho picado

2 costelas de aipo, picadas

2 dentes de alho picados

2 folhas de louro

1 colher de chá de cominho moído

1 colher de chá de tomilho picado

1 colher de chá de pimenta preta

20 onças tomates esmagados

2 xícaras de caldo de legumes

1 colher de chá de páprica defumada

sal marinho, a gosto

2 colheres de sopa de coentro fresco picado

1 abacate, sem caroço, descascado e fatiado

Endereços

Cubra o feijão embebido com uma nova mudança de água fria e leve para ferver. Deixe ferver por cerca de 10 minutos. Abaixe o fogo e continue cozinhando por 50 a 55 minutos ou até ficar macio.

Em uma panela de fundo grosso, aqueça o azeite em fogo médio. Depois de quente, frite a cebola, o pimentão e o aipo.

Refogue o alho, as folhas de louro, o cominho moído, o tomilho e a pimenta-do-reino por cerca de 1 minuto.

Adicione os tomates em cubos, o caldo de legumes, a páprica, o sal e o feijão cozido. Deixe ferver, mexendo periodicamente, por 25 a 30 minutos ou até que esteja cozido.

Sirva decorado com coentro fresco e abacate. Bom proveito!

Salada Fácil de Lentilha Vermelha

(Pronto em cerca de 20 minutos + tempo frio | Serve 3)

Por porção: Calorias: 295; Gordura: 18,8g; Carboidratos: 25,2g; Proteínas: 8,5g

Ingredientes

1/2 xícara de lentilhas vermelhas, embebidas durante a noite e escorridas

1 ½ xícaras de água

1 raminho de alecrim

1 folha de louro

1 xícara de tomate uva, cortados ao meio

1 pepino, em fatias finas

1 pimentão, em fatias finas

1 dente de alho picado

1 cebola, em fatias finas

2 colheres de sopa de suco de limão fresco

4 colheres de sopa de azeite

Sal marinho e pimenta-do-reino moída a gosto

Endereços

Adicione as lentilhas vermelhas, a água, o alecrim e a folha de louro a uma panela e leve para ferver em fogo alto. Em seguida, reduza o fogo para ferver e continue cozinhando por 20 minutos ou até ficar macio.

Coloque as lentilhas em uma saladeira e deixe esfriar completamente.

Adicione os ingredientes restantes e mexa para combinar bem. Sirva em temperatura ambiente ou frio.

Bom proveito!

Salada de grão de bico à moda mediterrânea

(Pronto em cerca de 40 minutos + tempo frio | Serve 4)

Por porção: Calorias: 468; Gordura: 12,5g; Carboidratos: 73g; Proteínas: 21,8g

Ingredientes

2 xícaras de grão-de-bico, embebido durante a noite e escorrido

1 pepino persa, fatiado

1 xícara de tomate cereja, cortados ao meio

1 pimentão vermelho, sem sementes e fatiado

1 pimentão verde, sem sementes e fatiado

1 colher de chá de mostarda deli

1 colher de chá de sementes de coentro

1 colher de chá de pimenta jalapeno, picada

1 colher de sopa de suco de limão fresco

1 colher de vinagre balsâmico

1/4 xícara de azeite extra virgem

Sal marinho e pimenta-do-reino moída a gosto

2 colheres de sopa de coentro fresco picado

2 colheres de sopa de azeitonas Kalamata, sem caroço e fatiadas

Endereços

Coloque o grão de bico em uma panela; cubra o grão de bico com água por 2 polegadas. Deixe ferver.

Vire imediatamente o fogo para ferver e continue cozinhando por cerca de 40 minutos ou até ficar macio.

Transfira o grão de bico para uma saladeira. Adicione os ingredientes restantes e mexa para combinar bem. Bom proveito!

Ensopado de Feijão Tradicional da Toscana (Ribollita)

(Pronto em cerca de 25 minutos | Serve 5)

Por porção: Calorias: 388; Gordura: 10,3g; Carboidratos: 57,3g; Proteínas: 19,5g

Ingredientes

3 colheres de sopa de azeite

1 alho-poró médio picado

1 aipo com folhas, picado

1 abobrinha, em cubos

1 pimentão italiano fatiado

3 dentes de alho, esmagados

2 folhas de louro

Sal kosher e pimenta-do-reino moída a gosto

1 colher de chá de pimenta caiena

1 lata de tomate (28 onças), esmagada

2 xícaras de caldo de legumes

2 (15 onças) latas de feijão Great Northern, escorrido

2 xícaras de couve Lacinato, cortada em pedaços

1 xícara de crostini

Endereços

Em uma panela de fundo grosso, aqueça o azeite em fogo médio. Depois de quente, refogue o alho-poró, aipo, abobrinha e pimenta por cerca de 4 minutos.

Refogue o alho e as folhas de louro por cerca de 1 minuto.

Adicione temperos, tomates, caldo e feijão enlatado. Deixe ferver, mexendo de vez em quando, por cerca de 15 minutos ou até que esteja cozido.

Adicione a couve Lacinato e continue a cozinhar em lume brando, mexendo de vez em quando, durante 4 minutos.

Sirva decorado com crostini. Bom proveito!

Mix de legumes e lentilhas beluga

(Pronto em cerca de 25 minutos | Serve 5)

Por porção: Calorias: 382; Gordura: 9,3g; Carboidratos: 59g; Proteínas: 17,2g

Ingredientes

3 colheres de sopa de azeite

1 cebola picada

2 pimentões, sem sementes e picados

1 cenoura, fatiada e picada

1 pastinaca, fatiada e picada

1 colher de chá de gengibre picado

2 dentes de alho picados

Sal marinho e pimenta-do-reino moída a gosto

1 abobrinha grande, em cubos

1 xícara de molho de tomate

1 xícara de caldo de legumes

1 ½ xícaras de lentilhas beluga, embebidas durante a noite e escorridas

2 xícaras de acelga

Endereços

Em um forno holandês, aqueça o azeite até chiar. Agora frite a cebola, o pimentão, a cenoura e a pastinaca até ficarem macios.

Adicione o gengibre e o alho e refogue por mais 30 segundos.

Agora, acrescente o sal, a pimenta-do-reino, a abobrinha, o molho de tomate, o caldo de legumes e a lentilha; deixe ferver por cerca de 20 minutos até que tudo esteja cozido.

Adicione acelga; tampe e cozinhe por mais 5 minutos. Bom proveito!

Taças mexicanas de grão-de-bico

(Pronto em cerca de 15 minutos | Serve 4)

Por porção: Calorias: 409; Gordura: 13,5g; Carboidratos: 61,3g; Proteínas: 13,8g

Ingredientes

2 colheres de sopa de óleo de gergelim

1 cebola roxa picada

1 pimenta habanero, picada

2 dentes de alho amassados

2 pimentões, sem sementes e picados

Sal marinho e pimenta preta moída

1/2 colher de chá de orégano mexicano

1 colher de chá de cominho moído

2 tomates maduros, em puré

1 colher de chá de açúcar mascavo

16 onças de grão de bico enlatado, escorrido

4 tortillas de farinha (8 polegadas)

2 colheres de sopa de coentro fresco, picado

Endereços

Em uma frigideira grande, aqueça o óleo de gergelim em fogo moderadamente alto. Em seguida, refogue as cebolas por 2 a 3 minutos ou até ficarem macias.

Adicione o pimentão e o alho e refogue por 1 minuto ou até perfumar.

Adicione as especiarias, os tomates e o açúcar mascavo e deixe ferver. Vire imediatamente o fogo para ferver, adicione o grão de bico enlatado e cozinhe por mais 8 minutos ou até aquecer.

Toste suas tortilhas e arrume-as com a mistura de grão de bico preparada.

Cubra com coentro fresco e sirva imediatamente. Bom proveito!

Indiano Dal Makhani

(Pronto em cerca de 20 minutos | Serve 6)

Por porção: Calorias: 329; Gordura: 8,5g; Carboidratos: 44,1g; Proteínas: 16,8g

Ingredientes

3 colheres de óleo de gergelim

1 cebola grande picada

1 pimentão, sem sementes e picado

2 dentes de alho picados

1 colher de gengibre ralado

2 pimentas verdes, sem sementes e picadas

1 colher de chá de sementes de cominho

1 louro

1 colher de chá de açafrão em pó

1/4 colher de chá de pimentão vermelho

1/4 colher de chá de pimenta da Jamaica moída

1/2 colher de chá de garam masala

1 xícara de molho de tomate

4 xícaras de caldo de legumes

1 ½ xícaras de lentilhas pretas, embebidas durante a noite e escorridas

4-5 folhas de curry, para decorar h

Endereços

Em uma panela, aqueça o óleo de gergelim em fogo médio-alto; Agora, refogue a cebola e o pimentão por mais 3 minutos até amolecer.

Adicione o alho, o gengibre, as pimentas verdes, as sementes de cominho e a folha de louro; continue a refogar, mexendo sempre, por 1 minuto ou até perfumar.

Adicione os ingredientes restantes, exceto as folhas de curry. Agora, ligue o fogo para ferver. Continue cozinhando por mais 15 minutos ou até que esteja totalmente cozido.

Decore com folhas de curry e sirva quente!

Tigela de Feijão Estilo Mexicano

(Pronto em cerca de 1 hora + tempo frio | Serve 6)

Por porção: Calorias: 465; Gordura: 17,9g; Carboidratos: 60,4g; Proteínas: 20,2g

Ingredientes

1 libra de feijão, embebido durante a noite e escorrido

1 xícara de milho enlatado, escorrido

2 pimentões assados, fatiados

1 pimenta malagueta, finamente picada

1 xícara de tomate cereja, cortados ao meio

1 cebola roxa picada

1/4 xícara de coentro fresco, picado

1/4 xícara de salsa fresca picada

1 colher de chá de orégano mexicano

1/4 xícara de vinagre de vinho tinto

2 colheres de sopa de suco de limão fresco

1/3 xícara de azeite extra virgem

Preta moída e sal marinho a gosto

1 abacate, descascado, sem caroço e fatiado

Endereços

Cubra o feijão embebido com uma nova mudança de água fria e leve para ferver. Deixe ferver por cerca de 10 minutos. Abaixe o fogo e continue cozinhando por 50 a 55 minutos ou até ficar macio.

Deixe o feijão esfriar completamente e transfira para uma saladeira.

Adicione os ingredientes restantes e mexa para combinar bem. Sirva em temperatura ambiente.

Bom proveito!

Clássico Minestrone Italiano

(Pronto em cerca de 30 minutos | Serve 5)

Por porção: Calorias: 305; Gordura: 8,6g; Carboidratos: 45,1g; Proteínas: 14,2g

Ingredientes

2 colheres de sopa de azeite

1 cebola grande, em cubos

2 cenouras fatiadas

4 dentes de alho, picados

1 xícara de pasta de cotovelo

5 xícaras de caldo de legumes

1 (15 onças) de feijão branco escorrido

1 abobrinha grande, em cubos

1 lata de tomate (28 onças), esmagada

1 colher de sopa de folhas de orégano fresco, picadas

1 colher de sopa de folhas frescas de manjericão picadas

1 colher de sopa de salsa italiana fresca, picada

Endereços

Em um forno holandês, aqueça o azeite até chiar. Agora, frite a cebola e a cenoura até ficarem macias.

Adicione o alho, o macarrão cru e o caldo; deixe ferver por cerca de 15 minutos.

Adicione feijão, abobrinha, tomate e ervas. Continue cozinhando, coberto, por cerca de 10 minutos até que tudo esteja cozido.

Decore com algumas ervas adicionais, se desejar. Bom proveito!

Ensopado de lentilha verde com couve

(Pronto em cerca de 30 minutos | Serve 5)

Por porção: Calorias: 415; Gordura: 6,6g; Carboidratos: 71g; Proteínas: 18,4g

Ingredientes

2 colheres de sopa de azeite

1 cebola picada

2 batatas doces, descascadas e cortadas em cubos

1 pimentão picado

2 cenouras picadas

1 pastinaca picada

1 aipo picado

2 dentes de alho

1 ½ xícaras de lentilhas verdes

1 colher de sopa de mistura de ervas italianas

1 xícara de molho de tomate

5 xícaras de caldo de legumes

1 xícara de milho congelado

1 xícara de couve, cortada em pedaços

Endereços

Em um forno holandês, aqueça o azeite até chiar. Agora, refogue a cebola, a batata-doce, o pimentão, a cenoura, a pastinaca e o aipo até ficarem macios.

Adicione o alho e continue refogando por mais 30 segundos.

Agora, adicione as lentilhas verdes, a mistura de ervas italianas, o molho de tomate e o caldo de legumes; deixe ferver por cerca de 20 minutos até que tudo esteja cozido.

Adicione milho congelado e couve; tampe e cozinhe por mais 5 minutos. Bom proveito!

Mistura de Legumes de Grão de Bico

(Pronto em cerca de 30 minutos | Serve 4)

Por porção: Calorias: 369; Gordura: 18,1g; Carboidratos: 43,5g; Proteínas: 13,2g

Ingredientes

2 colheres de sopa de azeite

1 cebola finamente picada

1 pimentão picado

1 bulbo de funcho, picado

3 dentes de alho, picados

2 tomates maduros, em puré

2 colheres de sopa de salsa fresca picada

2 colheres de sopa de manjericão fresco, picado

2 colheres de sopa de coentro fresco, picado

2 xícaras de caldo de legumes

14 onças de grão de bico enlatado, escorrido

Sal kosher e pimenta-do-reino moída a gosto

1/2 colher de chá de pimenta caiena

1 colher de chá de páprica

1 abacate, descascado e fatiado

Endereços

Em uma panela de fundo grosso, aqueça o azeite em fogo médio. Depois de quente, frite a cebola, o pimentão e o bulbo de erva-doce por cerca de 4 minutos.

Refogue o alho por cerca de 1 minuto ou até ficar aromático.

Adicione tomates, ervas frescas, caldo, grão de bico, sal, pimenta-do-reino, pimenta caiena e páprica. Deixe ferver, mexendo de vez em quando, por cerca de 20 minutos ou até que esteja cozido.

Prove e ajuste os temperos. Sirva decorado com as fatias de abacate fresco. Bom proveito!

Molho de feijão picante

(Pronto em cerca de 30 minutos | Serve 10)

Por porção: Calorias: 175; Gordura: 4,7g; Carboidratos: 24,9g; Proteínas: 8,8g

Ingredientes

2 (15 onças) latas de feijão Great Northern, escorrido

2 colheres de sopa de azeite

2 colheres de sopa de molho Sriracha

2 colheres de sopa de levedura nutricional

4 onças de cream cheese vegano

1/2 colher de chá de páprica

1/2 colher de chá de pimenta caiena

1/2 colher de chá de cominho moído

Sal marinho e pimenta-do-reino moída a gosto

4 onças de chips de tortilla

Endereços

Comece pré-aquecendo o forno a 360 graus F.

Pulse todos os ingredientes, exceto tortilla chips, em seu processador de alimentos até atingir a consistência desejada.

Asse o molho no forno pré-aquecido por cerca de 25 minutos ou até ficar bem quente.

Sirva com chips de tortilha e divirta-se!

Salada de soja à moda chinesa

(Pronto em cerca de 10 minutos | Serve 4)

Por porção: Calorias: 265; Gordura: 13,7g; Carboidratos: 21g; Proteína: 18g

Ingredientes

1 lata (15 onças) de soja, escorrida

1 xícara de rúcula

1 xícara de espinafre bebê

1 xícara de repolho verde, picado

1 cebola, em fatias finas

1/2 colher de chá de alho picado

1 colher de chá de gengibre picado

1/2 colher de chá de mostarda deli

2 colheres de sopa de molho de soja

1 colher de sopa de vinagre de arroz

1 colher de sopa de suco de limão

2 colheres de sopa de tahine

1 colher de chá de xarope de agave

Endereços

Em uma saladeira, coloque a soja, a rúcula, o espinafre, o repolho e a cebola; mexa para combinar.

Em uma tigela pequena, misture os ingredientes restantes para o molho.

Vista sua salada e sirva imediatamente. Bom proveito!

Ensopado de Legumes e Lentilhas à Moda Antiga

(Pronto em cerca de 25 minutos | Serve 5)

Por porção: Calorias: 475; Gordura: 17,3 g; Carboidratos: 61,4g; Proteínas: 23,7g

Ingredientes

3 colheres de sopa de azeite

1 cebola grande picada

1 cenoura picada

1 pimentão, em cubos

1 pimenta habanero, picada

3 dentes de alho, picados

Sal Kosher e pimenta-do-reino a gosto

1 colher de chá de cominho moído

1 colher de chá de páprica defumada

1 lata de tomate (28 onças), esmagada

2 colheres de molho de tomate

4 xícaras de caldo de legumes

3/4 libra de lentilhas vermelhas secas, embebidas durante a noite e escorridas

1 abacate fatiado

Endereços

Em uma panela de fundo grosso, aqueça o azeite em fogo médio. Depois de quente, refogue a cebola, a cenoura e o pimentão por cerca de 4 minutos.

Refogue o alho por cerca de 1 minuto ou mais.

Adicione temperos, tomates, molho de tomate, caldo e lentilhas enlatadas. Deixe ferver, mexendo de vez em quando, por cerca de 20 minutos ou até que esteja cozido.

Sirva decorado com fatias de abacate. Bom proveito!

chana masala indiana

(Pronto em cerca de 15 minutos | Serve 4)

Por porção: Calorias: 305; Gordura: 17,1g; Carboidratos: 30,1g; Proteína: 9,4g

Ingredientes

1 xícara de tomate, em purê

1 malagueta Kashmiri picada

1 chalota grande, picada

1 colher de chá de gengibre fresco, descascado e ralado

4 colheres de sopa de azeite

2 dentes de alho picados

1 colher de chá de sementes de coentro

1 colher de chá de garam masala

1/2 colher de chá de açafrão em pó

Sal marinho e pimenta-do-reino moída a gosto

1/2 xícara de caldo de legumes

16 onças de grão de bico enlatado

1 colher de sopa de suco de limão fresco

Endereços

No liquidificador ou processador de alimentos, bata os tomates, a pimenta da Caxemira, a chalota e o gengibre até formar uma pasta.

Em uma panela, aqueça o azeite em fogo médio. Depois de quente, cozinhe o macarrão preparado e o alho por cerca de 2 minutos.

Adicione as especiarias restantes, o caldo e o grão de bico. Coloque o fogo em fogo baixo. Continue cozinhando em fogo baixo por mais 8 minutos ou até ficar cozido.

Retire do fogo. Regue o suco de limão fresco por cima de cada porção. Bom proveito!

Patê De Feijão Vermelho

(Pronto em cerca de 10 minutos | Serve 8)

Por porção: Calorias: 135; Gordura: 12,1g; Carboidratos: 4,4g; Proteína: 1,6g

Ingredientes

2 colheres de sopa de azeite

1 cebola picada

1 pimentão picado

2 dentes de alho picados

2 xícaras de feijão fradinho cozido e escorrido

1/4 xícara de azeite

1 colher de chá de mostarda moída em pedra

2 colheres de sopa de salsa fresca picada

2 colheres de sopa de manjericão fresco picado

Sal marinho e pimenta-do-reino moída a gosto

Endereços

Em uma panela, aqueça o azeite em fogo médio-alto. Agora, cozinhe a cebola, o pimentão e o alho até ficarem macios ou cerca de 3 minutos.

Adicione a mistura refogada ao liquidificador; adicione os ingredientes restantes. Bata os ingredientes no liquidificador ou processador de alimentos até ficar homogêneo e cremoso.

Bom proveito!

Tigela de lentilhas marrons

(Pronto em cerca de 20 minutos + tempo frio | Serve 4)

Por porção: Calorias: 452; Gordura: 16,6g; Carboidratos: 61,7g; Proteínas: 16,4g

Ingredientes

1 xícara de lentilhas marrons, embebidas durante a noite e escorridas

3 xícaras de água

2 xícaras de arroz integral cozido

1 abobrinha, em cubos

1 cebola roxa picada

1 colher de chá de alho picado

1 pepino fatiado

1 pimentão fatiado

4 colheres de sopa de azeite

1 colher de sopa de vinagre de arroz

2 colheres de sopa de suco de limão

2 colheres de sopa de molho de soja

1/2 colher de chá de orégano seco

1/2 colher de chá de cominho moído

Sal marinho e pimenta-do-reino moída a gosto

2 xícaras de rúcula

2 xícaras de alface romana, cortada em pedaços

Endereços

Adicione as lentilhas marrons e a água a uma panela e leve para ferver em fogo alto. Em seguida, reduza o fogo para ferver e continue cozinhando por 20 minutos ou até ficar macio.

Coloque as lentilhas em uma saladeira e deixe esfriar completamente.

Adicione os ingredientes restantes e mexa para combinar bem. Sirva em temperatura ambiente ou frio. Bom proveito!

Sopa Quente e Picante de Feijão Anasazi

(Pronto em cerca de 1 hora e 10 minutos | Serve 5)

Por porção: Calorias: 352; Gordura: 8,5g; Carboidratos: 50,1g; Proteínas: 19,7g

Ingredientes

2 xícaras de feijão Anasazi, embebido durante a noite, escorrido e enxaguado

8 xícaras de água

2 folhas de louro

3 colheres de sopa de azeite

2 cebolas médias, picadas

2 pimentões, picados

1 pimenta habanero, picada

3 dentes de alho, prensados ou picados

Sal marinho e pimenta-do-reino moída a gosto

Endereços

Em uma panela de sopa, leve o feijão Anasazi e a água para ferver. Assim que estiver fervendo, abaixe o fogo para ferver. Adicione as folhas de louro e cozinhe por cerca de 1 hora ou até ficar macio.

Enquanto isso, em uma panela de fundo grosso, aqueça o azeite em fogo médio-alto. Agora, frite a cebola, pimentão e alho por cerca de 4 minutos até ficar macio.

Adicione a mistura refogada ao feijão cozido. Tempere com sal e pimenta preta.

Continue cozinhando em fogo baixo, mexendo de vez em quando, por mais 10 minutos ou até que tudo esteja bem cozido. Bom proveito!

Salada de feijão fradinho (Ñebbe)

(Pronto em cerca de 1 hora | Serve 5)

Por porção: Calorias: 471; Gordura: 17,5g; Carboidratos: 61,5g; Proteínas: 20,6g

Ingredientes

2 xícaras de feijão-fradinho seco, embebido durante a noite e escorrido

2 colheres de sopa de folhas de manjericão picadas

2 colheres de sopa de folhas de salsa picadas

1 chalota picada

1 pepino fatiado

2 pimentões, sem sementes e picados

1 pimenta malagueta Scotch Bonnet, sem sementes e finamente picada

1 xícara de tomate cereja, em quartos

Sal marinho e pimenta-do-reino moída a gosto

2 colheres de sopa de suco de limão fresco

1 colher de sopa de vinagre de maçã

1/4 xícara de azeite extra virgem

1 abacate, descascado, sem caroço e fatiado

Endereços

Cubra o feijão-fradinho com água por 2 polegadas e deixe ferver suavemente. Deixe ferver por cerca de 15 minutos.

Em seguida, ligue o fogo para ferver por cerca de 45 minutos. Deixe esfriar completamente.

Coloque o feijão-fradinho em uma saladeira. Adicione o manjericão, salsa, chalota, pepino, pimentão, tomate cereja, sal e pimenta-do-reino.

Em uma tigela, misture o suco de limão, o vinagre e o azeite.

Tempere a salada, decore com abacate fresco e sirva de imediato. Bom proveito!

O famoso chili da mamãe

(Pronto em cerca de 1 hora e 30 minutos | Serve 5)

Por porção: Calorias: 455; Gordura: 10,5g; Carboidratos: 68,6g; Proteínas: 24,7g

Ingredientes

1 libra de feijão preto vermelho, embebido durante a noite e escorrido

3 colheres de sopa de azeite

1 cebola roxa grande, em cubos

2 pimentões, em cubos

1 malagueta poblano picada

1 cenoura grande, aparada e cortada em cubinhos

2 dentes de alho picados

2 folhas de louro

1 colher de chá de pimenta-do-reino mista

Sal kosher e pimenta caiena, a gosto

1 colher de sopa de páprica

2 tomates maduros, em puré

2 colheres de molho de tomate

3 xícaras de caldo de legumes

Endereços

Cubra o feijão embebido com uma nova mudança de água fria e leve para ferver. Deixe ferver por cerca de 10 minutos. Abaixe o fogo e continue cozinhando por 50 a 55 minutos ou até ficar macio.

Em uma panela de fundo grosso, aqueça o azeite em fogo médio. Depois de quente, frite a cebola, o pimentão e a cenoura.

Refogue o alho por cerca de 30 segundos ou até ficar aromático.

Junte os restantes ingredientes juntamente com o feijão cozido. Deixe ferver, mexendo periodicamente, por 25 a 30 minutos ou até que esteja cozido.

Descarte as folhas de louro, coloque em tigelas individuais e sirva quente.

Salada de creme de grão de bico com pinhões

(Pronto em cerca de 10 minutos | Serve 4)

Por porção: Calorias: 386; Gordura: 22,5g; Carboidratos: 37,2g; Proteínas: 12,9g

Ingredientes

16 onças de grão de bico enlatado, escorrido

1 colher de chá de alho picado

1 chalota picada

1 xícara de tomate cereja, cortados ao meio

1 pimentão, sem sementes e fatiado

1/4 xícara de manjericão fresco picado

1/4 xícara de salsa fresca picada

1/2 xícara de maionese vegana

1 colher de sopa de suco de limão

1 colher de chá de alcaparras, escorridas

Sal marinho e pimenta-do-reino moída a gosto

2 onças de pinhões

Endereços

Coloque o grão de bico, legumes e ervas em uma tigela de salada.

Adicione a maionese, suco de limão, alcaparras, sal e pimenta-do-reino. Mexa para combinar.

Cubra com pinhões e sirva imediatamente. Bom proveito!

Tigela Buda de Feijão Preto

(Pronto em cerca de 1 hora | Serve 4)

Por porção: Calorias: 365; Gordura: 14,1g; Carboidratos: 45,6g; Proteínas: 15,5g

Ingredientes

1/2 libra de feijão preto, de molho durante a noite e escorrido

2 xícaras de arroz integral cozido

1 cebola média, cortada em fatias finas

1 xícara de pimentão, sem sementes e fatiado

1 pimenta jalapeno, sem sementes e fatiada

2 dentes de alho picados

1 xícara de rúcula

1 xícara de espinafre bebê

1 colher de chá de raspas de limão

1 colher de sopa de mostarda Dijon

1/4 xícara de vinagre de vinho tinto

1/4 xícara de azeite extra virgem

2 colheres de sopa de xarope de agave

Sal marinho em flocos e pimenta-do-reino moída a gosto

1/4 xícara de salsa italiana fresca, picada

Endereços

Cubra o feijão embebido com uma nova mudança de água fria e leve para ferver. Deixe ferver por cerca de 10 minutos. Abaixe o fogo e continue cozinhando por 50 a 55 minutos ou até ficar macio.

Para servir, divida o feijão e o arroz entre as tigelas; cubra com legumes.

Em uma tigela pequena, misture bem as raspas de limão, mostarda, vinagre, azeite, xarope de agave, sal e pimenta. Regue o vinagrete sobre a salada.

Decore com salsa italiana fresca. Bom proveito!

Guisado de grão de bico do Oriente Médio

(Pronto em cerca de 20 minutos | Serve 4)

Por porção: Calorias: 305; Gordura: 11,2g; Carboidratos: 38,6g; Proteínas: 12,7g

Ingredientes

1 cebola picada

1 pimentão picado

2 dentes de alho picados

1 colher de chá de sementes de mostarda

1 colher de chá de sementes de coentro

1 folha de louro

1/2 xícara de purê de tomate

2 colheres de sopa de azeite

1 aipo com folhas, picado

2 cenouras médias, fatiadas e picadas

2 xícaras de caldo de legumes

1 colher de chá de cominho moído

1 pau de canela pequeno

16 onças de grão de bico enlatado, escorrido

2 xícaras de acelga, cortada em pedaços

Endereços

No liquidificador ou processador de alimentos, bata a cebola, a pimenta malagueta, o alho, as sementes de mostarda, as sementes de coentro, a folha de louro e o purê de tomate até ficar homogêneo.

Em uma panela, aqueça o azeite até dourar. Agora, cozinhe o aipo e a cenoura por cerca de 3 minutos ou até ficarem macios. Adicione o macarrão e continue cozinhando por mais 2 minutos.

A seguir, acrescente o caldo de legumes, os cominhos, a canela e o grão-de-bico; coloque em fogo baixo.

Ligue o fogo para ferver e deixe cozinhar por 6 minutos; Adicione a acelga e continue cozinhando por mais 4 a 5 minutos ou até que as folhas murchem. Sirva quente e divirta-se!

Pasta de Lentilha e Tomate

(Pronto em cerca de 10 minutos | Serve 8)

Por porção: Calorias: 144; Gordura: 4,5g; Carboidratos: 20,2g; Proteínas: 8,1g

Ingredientes

16 onças de lentilhas, fervidas e escorridas

4 colheres de sopa de tomate seco picado

1 xícara de extrato de tomate

4 colheres de sopa de tahine

1 colher de chá de mostarda moída em pedra

1 colher de chá de cominho moído

1/4 colher de chá de folha de louro moída

1 colher de chá de flocos de pimenta vermelha

Sal marinho e pimenta-do-reino moída a gosto

Endereços

Bata todos os ingredientes no liquidificador ou processador de alimentos até atingir a consistência desejada.

Coloque em sua geladeira até que esteja pronto para servir.

Sirva com fatias de pita torradas ou palitos de legumes. Desfrutar!

Salada Creme De Ervilha Verde

(Pronto em cerca de 10 minutos + tempo frio | Serve 6)

Por porção: Calorias: 154; Gordura: 6,7g; Carboidratos: 17,3g; Proteínas: 6,9g

Ingredientes

2 (14,5 onças) latas de ervilhas, escorridas

1/2 xícara de maionese vegana

1 colher de chá de mostarda Dijon

2 colheres de cebolinha picada

2 pepinos picados

1/2 xícara de cogumelos marinados, picados e escorridos

1/2 colher de chá de alho picado

Sal marinho e pimenta-do-reino moída a gosto

Endereços

Coloque todos os ingredientes em uma saladeira. Mexa delicadamente para combinar.

Coloque a salada na geladeira até a hora de servir.

Bom proveito!

Homus Za'atar do Oriente Médio

(Pronto em cerca de 10 minutos | Serve 8)

Por Porção: Calorias: 140; Gordura: 8,5g; Carboidratos: 12,4g; Proteínas: 4,6g

Ingredientes

10 onças de grão-de-bico, cozido e escorrido

1/4 xícara de tahine

2 colheres de sopa de azeite extra virgem

2 colheres de sopa de tomate seco, picado

1 limão espremido na hora

2 dentes de alho picados

Sal kosher e pimenta-do-reino moída a gosto

1/2 colher de chá de páprica defumada

1 colher de chá de Za'atar

Endereços

Bata todos os ingredientes no processador de alimentos até ficar homogêneo e cremoso.

Coloque em sua geladeira até que esteja pronto para servir.

Bom proveito!

Salada de Lentilha com Pinhão

(Pronto em cerca de 20 minutos + tempo frio | Serve 3)

Por porção: Calorias: 332; Gordura: 19,7g; Carboidratos: 28,2g; Proteína: 12,2g

Ingredientes

1/2 xícara de lentilhas marrons

1 ½ xícaras de caldo de legumes

1 cenoura, cortada em palitos

1 cebola pequena picada

1 pepino fatiado

2 dentes de alho picados

3 colheres de sopa de azeite extra virgem

1 colher de sopa de vinagre de vinho tinto

2 colheres de sopa de suco de limão

2 colheres de sopa de manjericão picado

2 colheres de salsa picada

2 colheres de cebolinha picada

Sal marinho e pimenta-do-reino moída a gosto

2 colheres de sopa de pinhões, picados

Endereços

Adicione as lentilhas marrons e o caldo de legumes a uma panela e leve para ferver em fogo alto. Em seguida, reduza o fogo para ferver e continue cozinhando por 20 minutos ou até ficar macio.

Coloque as lentilhas em uma saladeira.

Adicione os legumes e mexa para combinar bem. Em uma tigela, misture o azeite, o vinagre, o suco de limão, o manjericão, a salsinha, a cebolinha, o sal e a pimenta-do-reino.

Tempere a salada, decore com pinhões e sirva em temperatura ambiente. Bom proveito!

Salada Quente de Feijão Anasazi

(Pronto em cerca de 1 hora | Serve 5)

Por porção: Calorias: 482; Gordura: 23,1g; Carboidratos: 54,2g; Proteínas: 17,2g

Ingredientes

2 xícaras de feijão Anasazi, embebido durante a noite, escorrido e enxaguado

6 xícaras de água

1 malagueta poblano picada

1 cebola picada

1 xícara de tomate cereja, cortados ao meio

2 xícaras de alface mista, em pedaços

Curativo:

1 colher de chá de alho picado

1/2 xícara de azeite extra virgem

1 colher de sopa de suco de limão

2 colheres de sopa de vinagre de vinho tinto

1 colher de sopa de mostarda moída em pedra

1 colher de sopa de molho de soja

1/2 colher de chá de orégano seco

1/2 colher de chá de manjericão seco

Sal marinho e pimenta-do-reino moída a gosto

Endereços

Em uma panela, leve o feijão Anasazi e a água para ferver. Assim que ferver, abaixe o fogo e deixe cozinhar por cerca de 1 hora ou até ficar macio.

Escorra o feijão cozido e coloque-o numa saladeira; adicione os outros ingredientes da salada.

Em seguida, em uma tigela pequena, bata todos os ingredientes do molho até misturar bem. Vista sua salada e misture bem. Sirva em temperatura ambiente e aproveite!

Ensopado tradicional de Mnazaleh

(Pronto em cerca de 25 minutos | Serve 4)

Por porção: Calorias: 439; Gordura: 24g; Carboidratos: 44,9g; Proteínas: 13,5g

Ingredientes

4 colheres de sopa de azeite

1 cebola picada

1 berinjela grande, descascada e cortada em cubos

1 xícara de cenoura picada

2 dentes de alho picados

2 tomates grandes, amassados

1 colher de chá de tempero Baharat

2 xícaras de caldo de legumes

14 onças de grão de bico enlatado, escorrido

Sal kosher e pimenta-do-reino moída a gosto

1 abacate médio, sem caroço, descascado e fatiado

Endereços

Em uma panela de fundo grosso, aqueça o azeite em fogo médio. Depois de quente, frite a cebola, a beringela e a cenoura durante cerca de 4 minutos.

Refogue o alho por cerca de 1 minuto ou até ficar aromático.

Adicione os tomates, o tempero Baharat, o caldo e o grão-de-bico enlatado. Deixe ferver, mexendo de vez em quando, por cerca de 20 minutos ou até que esteja cozido.

Tempere com sal e pimenta. Sirva decorado com fatias de abacate fresco. Bom proveito!

Creme de Lentilhas Vermelhas e Pimentão

(Pronto em cerca de 25 minutos | Serve 9)

Por porção: Calorias: 193; Gordura: 8,5g; Carboidratos: 22,3g; Proteínas: 8,5g

Ingredientes

1 ½ xícaras de lentilhas vermelhas, embebidas durante a noite e escorridas

4 ½ xícaras de água

1 raminho de alecrim

2 folhas de louro

2 pimentões assados, sem sementes e picados

1 chalota picada

2 dentes de alho picados

1/4 xícara de azeite

2 colheres de sopa de tahine

Sal marinho e pimenta-do-reino moída a gosto

Endereços

Adicione as lentilhas vermelhas, a água, o alecrim e as folhas de louro a uma panela e leve para ferver em fogo alto. Em seguida, reduza o fogo para ferver e continue cozinhando por 20 minutos ou até ficar macio.

Coloque as lentilhas em um processador de alimentos.

Adicione o restante dos ingredientes e processe até que tudo esteja bem incorporado.

Bom proveito!

Ervilha de neve temperada frita Wok

(Pronto em cerca de 10 minutos | Serve 4)

Por porção: Calorias: 196; Gordura: 8,7g; Carboidratos: 23g; Proteínas: 7,3g

Ingredientes

2 colheres de sopa de óleo de gergelim

1 cebola picada

1 cenoura, fatiada e picada

1 colher de chá de pasta de alho-gengibre

1 libra de ervilhas

Pimenta Sichuan, a gosto

1 colher de chá de molho Sriracha

2 colheres de sopa de molho de soja

1 colher de sopa de vinagre de arroz

Endereços

Aqueça o óleo de gergelim em uma wok até chiar. Agora, refogue a cebola e a cenoura por 2 minutos ou até ficarem crocantes.

Adicione a pasta de alho e gengibre e continue cozinhando por mais 30 segundos.

Adicione as ervilhas e refogue em fogo alto por cerca de 3 minutos até ficarem levemente carbonizadas.

Em seguida, adicione a pimenta, Sriracha, molho de soja e vinagre de arroz e refogue por mais 1 minuto. Sirva imediatamente e divirta-se!

Chili rápido todos os dias

(Pronto em cerca de 35 minutos | Serve 5)

Por porção: Calorias: 345; Gordura: 8,7g; Carboidratos: 54,5g; Proteínas: 15,2g

Ingredientes

2 colheres de sopa de azeite

1 cebola grande picada

1 aipo com folhas, aparadas e cortadas em cubos

1 cenoura, aparada e cortada em cubinhos

1 batata doce, descascada e cortada em cubinhos

3 dentes de alho, picados

1 pimenta jalapeno picada

1 colher de chá de pimenta caiena

1 colher de chá de sementes de coentro

1 colher de chá de sementes de funcho

1 colher de chá de páprica

2 xícaras de tomates cozidos, esmagados

2 colheres de molho de tomate

2 colheres de chá de grânulos de caldo vegano

1 xícara de água

1 xícara de creme de cebola

2 libras de feijão carioca enlatado, escorrido

1 limão fatiado

Endereços

Em uma panela de fundo grosso, aqueça o azeite em fogo médio. Depois de quente, refogue a cebola, o aipo, a cenoura e a batata-doce por cerca de 4 minutos.

Refogue o alho e as pimentas jalapeno por cerca de 1 minuto ou mais.

Adicione temperos, tomates, molho de tomate, grânulos de caldo vegano, água, creme de cebola e feijão enlatado. Deixe ferver, mexendo de vez em quando, por cerca de 30 minutos ou até que esteja cozido.

Sirva decorado com as rodelas de lima. Bom proveito!

Salada cremosa de feijão-fradinho

(Pronto em cerca de 1 hora | Serve 5)

Por porção: Calorias: 325; Gordura: 8,6g; Carboidratos: 48,2g; Proteínas: 17,2g

Ingredientes

1 ½ xícaras de feijão-fradinho, embebido durante a noite e escorrido

4 talos de cebolinha fatiados

1 cenoura cortada em juliana

1 xícara de repolho verde, picado

2 pimentões, sem sementes e picados

2 tomates médios, em cubos

1 colher de sopa de tomate seco, picado

1 colher de chá de alho picado

1/2 xícara de maionese vegana

1 colher de sopa de suco de limão

1/4 xícara de vinagre de vinho branco

Sal marinho e pimenta-do-reino moída a gosto

Endereços

Cubra o feijão-fradinho com água por 2 polegadas e deixe ferver suavemente. Deixe ferver por cerca de 15 minutos.

Em seguida, ligue o fogo para ferver por cerca de 45 minutos. Deixe esfriar completamente.

Coloque o feijão-fradinho em uma saladeira. Adicione os ingredientes restantes e mexa para combinar bem. Bom proveito!

Abacate recheado com grão de bico

(Pronto em cerca de 10 minutos | Serve 4)

Por porção: Calorias: 205; Gordura: 15,2g; Carboidratos: 16,8g; Proteínas: 4,1g

Ingredientes

2 abacates sem caroço e cortados ao meio

1/2 limão espremido na hora

4 colheres de cebolinha picada

1 dente de alho picado

1 tomate médio picado

1 pimentão, sem sementes e picado

1 pimenta malagueta vermelha, sem sementes e picada

2 onças de grão-de-bico, cozido ou cozido, escorrido

Sal kosher e pimenta-do-reino moída a gosto

Endereços

Disponha os abacates em uma travessa. Regue o suco de limão sobre cada abacate.

Em uma tigela, misture delicadamente os ingredientes restantes para o recheio até incorporar bem.

Recheie os abacates com a mistura preparada e sirva imediatamente. Bom proveito!

sopa de feijao preto

(Pronto em cerca de 1 hora e 50 minutos | Serve 4)

Por porção: Calorias: 505; Gordura: 11,6g; Carboidratos: 80,3g; Proteínas: 23,2g

Ingredientes

2 xícaras de feijão preto, de molho durante a noite e escorrido

1 raminho de tomilho

2 colheres de óleo de coco

2 cebolas picadas

1 costela de aipo, picada

1 cenoura, descascada e picada

1 pimentão italiano, sem sementes e picado

1 pimenta malagueta, sem sementes e picada

4 dentes de alho, prensados ou picados

Sal marinho e pimenta-do-reino moída na hora a gosto

1/2 colher de chá de cominho moído

1/4 colher de chá de folha de louro moída

1/4 colher de chá de pimenta da Jamaica moída

1/2 colher de chá de manjericão seco

4 xícaras de caldo de legumes

1/4 xícara de coentro fresco, picado

2 onças de chips de tortilla

Endereços

Em uma panela de sopa, leve o feijão e 6 xícaras de água para ferver. Assim que estiver fervendo, abaixe o fogo para ferver. Adicione o raminho de tomilho e cozinhe por cerca de 1 hora e 30 minutos ou até ficar macio.

Enquanto isso, em uma panela de fundo grosso, aqueça o óleo em fogo médio-alto. Agora, refogue a cebola, aipo, cenoura e pimentão por cerca de 4 minutos até ficar macio.

Em seguida, refogue o alho por cerca de 1 minuto ou até perfumar.

Adicione a mistura refogada ao feijão cozido. Em seguida, adicione sal, pimenta do reino, cominho, louro moído, pimenta da Jamaica moída, manjericão seco e caldo de legumes.

Continue a cozinhar em fogo baixo, mexendo periodicamente, por mais 15 minutos ou até que tudo esteja cozido.

Decore com coentro fresco e tortilhas. Bom proveito!

Salada de lentilha beluga com ervas

(Pronto em cerca de 20 minutos + tempo frio | Serve 4)

Por porção: Calorias: 364; Gordura: 17g; Carboidratos: 40,2g; Proteínas: 13,3g

Ingredientes

1 xícara de lentilhas vermelhas

3 xícaras de água

1 xícara de tomate uva, cortados ao meio

1 pimentão verde, sem sementes e picado

1 pimentão vermelho, sem sementes e picado

1 pimenta malagueta vermelha, sem sementes e cortada em cubos

1 pepino fatiado

4 colheres de sopa de chalotas picadas

2 colheres de sopa de salsa fresca picada

2 colheres de sopa de coentro fresco, picado

2 colheres de sopa de cebolinha fresca, picada

2 colheres de sopa de manjericão fresco, picado

1/4 xícara de azeite

1/2 colher de chá de sementes de cominho

1/2 colher de chá de gengibre picado

1/2 colher de chá de alho picado

1 colher de chá de xarope de agave

2 colheres de sopa de suco de limão fresco

1 colher de chá de raspas de limão

Sal marinho e pimenta-do-reino moída a gosto

2 onças de azeitonas pretas, sem caroço e cortadas ao meio

Endereços

Adicione as lentilhas marrons e a água a uma panela e leve para ferver em fogo alto. Em seguida, reduza o fogo para ferver e continue cozinhando por 20 minutos ou até ficar macio.

Coloque as lentilhas em uma saladeira.

Adicione os legumes e ervas e mexa para combinar bem. Em uma tigela, misture o óleo, sementes de cominho, gengibre, alho, xarope de agave, suco de limão, raspas de limão, sal e pimenta-do-reino.

Tempere a salada, decore com azeitonas e sirva em temperatura ambiente. Bom proveito!

salada de feijão italiana

(Pronto em cerca de 1 hora + tempo frio | Serve 4)

Por porção: Calorias: 495; Gordura: 21,1g; Carboidratos: 58,4g; Proteínas: 22,1g

Ingredientes

Feijão cannellini de 3/4 de libra, embebido durante a noite e escorrido

2 xícaras de floretes de couve-flor

1 cebola roxa, em fatias finas

1 colher de chá de alho picado

1/2 colher de chá de gengibre picado

1 pimenta jalapeno picada

1 xícara de tomate uva, esquartejado

1/3 xícara de azeite extra virgem

1 colher de sopa de suco de limão

1 colher de chá de mostarda Dijon

1/4 xícara de vinagre branco

2 dentes de alho, prensados

1 colher de chá de mistura de ervas italianas

Sal Kosher e pimenta-do-reino moída, para temperar

2 onças de azeitonas verdes, sem caroço e fatiadas

Endereços

Cubra o feijão embebido com uma nova mudança de água fria e leve para ferver. Deixe ferver por cerca de 10 minutos. Abaixe o fogo e continue cozinhando por 60 minutos ou até ficar macio.

Enquanto isso, ferva os floretes de couve-flor por cerca de 6 minutos ou até ficarem macios.

Deixe o feijão e a couve-flor esfriarem completamente; em seguida, transfira-os para uma saladeira.

Adicione os ingredientes restantes e mexa para combinar bem. Prove e ajuste os temperos.

Bom proveito!

Tomate Recheado com Feijão Branco

(Pronto em cerca de 10 minutos | Serve 3)

Por porção: Calorias: 245; Gordura: 14,9g; Carboidratos: 24,4g; Proteína: 5,1g

Ingredientes

3 tomates médios, corte uma rodela fina por cima e retire a polpa

1 cenoura ralada

1 cebola roxa picada

1 dente de alho descascado

1/2 colher de chá de manjericão seco

1/2 colher de chá de orégano seco

1 colher de chá de alecrim seco

3 colheres de sopa de azeite

3 onças de feijão marinho enlatado, escorrido

3 onças de grãos de milho doce, descongelados

1/2 xícara de chips de tortilla, esmagados

Endereços

Disponha os tomates em uma travessa.

Em uma tigela, misture os ingredientes restantes para o recheio até que tudo esteja bem combinado.

Recheie os abacates e sirva imediatamente. Bom proveito!

Sopa de feijão-fradinho de inverno

(Pronto em cerca de 1 hora e 5 minutos | Serve 5)

Por porção: Calorias: 147; Gorduras: 6g; Carboidratos: 13,5g; Proteínas: 7,5g

Ingredientes

2 colheres de sopa de azeite

1 cebola picada

1 cenoura picada

1 pastinaca picada

1 xícara de bulbos de erva-doce, picados

2 dentes de alho picados

2 xícaras de feijão-fradinho seco, embebido durante a noite

5 xícaras de caldo de legumes

Sal Kosher e pimenta-do-reino moída na hora, para temperar

Endereços

Em uma panela, aqueça o azeite em fogo médio-alto. Quando estiver bem quente, refogue a cebola, a cenoura, a pastinaga e o funcho por 3 minutos ou até ficarem macios.

Adicione o alho e continue refogando por 30 segundos ou até ficar aromático.

Adicione as ervilhas, o caldo de legumes, o sal e a pimenta-do-reino. Continue cozinhando, parcialmente coberto, por mais 1 hora ou até ficar cozido.

Bom proveito!

Empanadas de Feijão Vermelho

(Pronto em cerca de 15 minutos | Serve 4)

Por porção: Calorias: 318; Gordura: 15,1g; Carboidratos: 36,5g; Proteínas: 10,9g

Ingredientes

12 onças de feijão enlatado ou cozido, escorrido

1/3 xícara de aveia à moda antiga

1/4 xícara de farinha de trigo

1 colher de chá de fermento em pó

1 chalota pequena, picada

2 dentes de alho picados

Sal marinho e pimenta-do-reino moída a gosto

1 colher de chá de páprica

1/2 colher de chá de pimenta em pó

1/2 colher de chá de folha de louro moída

1/2 colher de chá de cominho moído

1 ovo de chia

4 colheres de sopa de azeite

Endereços

Coloque o feijão em uma tigela e amasse-o com um garfo.

Misture bem o feijão, a aveia, a farinha, o fermento, a chalota, o alho, o sal, a pimenta-do-reino, a páprica, a pimenta malagueta, o louro moído, o cominho e o ovo de chia. .

Forme quatro hambúrgueres com a mistura.

Em seguida, aqueça o azeite em uma frigideira em fogo moderadamente alto. Frite os hambúrgueres por cerca de 8 minutos, virando uma ou duas vezes.

Sirva com seus molhos favoritos. Bom proveito!

Hambúrguer de Ervilha Caseiro

(Pronto em cerca de 15 minutos | Serve 4)

Por porção: Calorias: 467; Gordura: 19,1g; Carboidratos: 58,5g; Proteínas: 15,8g

Ingredientes

1 libra de ervilhas, congeladas e descongeladas

1/2 xícara de farinha de grão de bico

1/2 xícara de farinha comum

1/2 xícara de farinha de rosca

1 colher de chá de fermento em pó

2 ovos de linhaça

1 colher de chá de páprica

1/2 colher de chá de manjericão seco

1/2 colher de chá de orégano seco

Sal marinho e pimenta-do-reino moída a gosto

4 colheres de sopa de azeite

4 pães de hambúrguer

Endereços

Em uma tigela, misture bem as ervilhas, a farinha, a farinha de rosca, o fermento, os ovos de linhaça, a páprica, o manjericão, o orégano, o sal e a pimenta-do-reino.

Forme quatro hambúrgueres com a mistura.

Em seguida, aqueça o azeite em uma frigideira em fogo moderadamente alto. Frite os hambúrgueres por cerca de 8 minutos, virando uma ou duas vezes.

Sirva em pães de hambúrguer e divirta-se!

Ensopado de Feijão Preto e Espinafre

(Pronto em cerca de 1 hora e 35 minutos | Serve 4 pessoas)

Por porção: Calorias: 459; Gordura: 9,1g; Carboidratos: 72g; Proteínas: 25,4g

Ingredientes

2 xícaras de feijão preto, de molho durante a noite e escorrido

2 colheres de sopa de azeite

1 cebola, descascada e cortada ao meio

1 pimenta jalapeño, fatiada

2 pimentões, sem sementes e fatiados

1 xícara de cogumelos, fatiados

2 dentes de alho picados

2 xícaras de caldo de legumes

1 colher de chá de páprica

Sal kosher e pimenta-do-reino moída a gosto

1 folha de louro

2 xícaras de espinafre, cortado em pedaços

Endereços

Cubra o feijão embebido com uma nova mudança de água fria e leve para ferver. Deixe ferver por cerca de 10 minutos. Abaixe o fogo e continue cozinhando por 50 a 55 minutos ou até ficar macio.

Em uma panela de fundo grosso, aqueça o azeite em fogo médio. Depois de quente, refogue a cebola e o pimentão por cerca de 3 minutos.

Refogue o alho e os cogumelos por cerca de 3 minutos ou até que os cogumelos soltem o líquido e o alho fique perfumado.

Junte o caldo de legumes, o colorau, o sal, a pimenta-do-reino, o louro e o feijão cozido. Deixe ferver, mexendo de vez em quando, por cerca de 25 minutos ou até que esteja cozido.

Em seguida, adicione o espinafre e cozinhe, tampado, por cerca de 5 minutos. Bom proveito!

www.ingramcontent.com/pod-product-compliance
Lightning Source LLC
Chambersburg PA
CBHW071428080526
44587CB00014B/1769